Norman Foster

Studio_paperback_

Norman Foster

von Aldo Benedetti

Verlag für Architektur Artemis Zürich

© 1990
Verlag für Architektur Artemis Zürich und München
Alle Rechte vorbehalten

Titel der italienischen Originalausgabe: Norman Foster
© 1988 Nicola Zanichelli Editore S. p. A., Bologna

Aus dem Italienischen übersetzt von Gina Attinger Gies

Printed in Switzerland
ISBN 3-7608-8125-4

Inhalt

7 Technologie als Gelegenheit für Architektur.
18 Wochenendhaus in Pill Creek.
19 Wohnkomplex, Feock. Projekt.
20 Einfamilienhaussiedlung, Culsdon. Projekt.
22 Drei Reihenhäuser, London.
25 Haus Brumwell (Creek Vean House), Feock.
30 Haus Jaffe (Skybreak House), Radlett.
34 Elektronikwerk Reliance Controls, Swindon.
41 Verdichteter Wohnungsbau, Radlett. Projekt.
44 Schule, Newport. Projekt.
47 Verwaltungs- und Freizeitzentrum für die Fred Olsen Line, London.
51 Passagierterminal der Fred Olsen Line, London.
54 Temporäre pneumatische Raumhülle für die Computer Technology, Hemel Hempstead.
56 Forschungs- und Entwicklungszentrum für die Computer Technology, Hemel Hempstead.
58 Samuel-Beckett-Theater, Oxford. Projekt.
60 Climatroffice. Projekt.
62 Sitz der IBM, Cosham.
67 Pflege- und Eingliederungsstätte für behinderte Kinder, London.
70 Firmensitz Foster Associates, London.
74 Konstruktionssystem für industrialisierte Bauten. Projekt.
75 Multifunktionale Halle mit Geschäfts- und Freizeitkomplex, Liverpool. Projekt.
76 Sport- und Geschäftszentrum, Badhoeverdorp. Projekt.
77 Preßwerk der SAPA, Tibshelf.
81 Büro- und Lagergebäude für Modern Art Glass, Thamesmead.
84 Einrichtungssystem für die Läden Orange Hand, Nottingham, Brighton, Reading.
86 Wohnungsbau von niedriger Dichte, Milton Keynes.
88 Hauptsitz der Willis Faber & Dumas-Versicherungen, Ipswich.
100 Nautisches und Sportzentrum, Son. Projekt.
101 Bürogebäude, Vestby, Projekt.
104 Renovation und Erweiterung eines Bürokomplexes, Oslo. Projekt.
105 Sonderschule für behinderte Kinder, Liverpool.
107 Sainsbury Centre for Visual Arts, Norwich.
124 Planung des Hafens von St. Helier. Projekt.
127 Technikpark IBM, Greenford.
132 Hammersmith Centre, London. Projekt.

136	Erweiterung des Whitney Museums, New York. Projekt.
139	Boutique Joseph, London.
140	Ausstellungspavillon für die International Energy Expo, Knoxville. Projekt.
141	Open House, Cwmbran. Projekt.
144	Freizeitzentrum für die Granada Ltd, Milton Keynes. Projekt.
145	Foster House, London. Projekt.
146	Hauptverwaltung der Hongkong & Shanghai Banking Corporation, Hongkong.
158	Sportzentrum Students Union, University College, London. Projekt.
160	Leichtathletikhalle, Frankfurt am Main. Wettbewerbsprojekt.
163	Möblierungssystem für das Studio Foster Associates.
164	Passagierterminal und Flughafenanlage, Stansted. Projekt.
170	Verwaltungsgebäude der Humana Inc., Louisville. Wettbewerbsprojekt.
174	Vertriebszentrale der Renault, Swindon.
182	Neue Büros und Studios für die BBC, London. Projekt.
188	Mediathek und Zentrum für zeitgenössische Kunst, Nîmes. Wettbewerbsprojekt.
192	Überdachter Yachthafen, New York. Projekt.
194	Biographie.
197	Werkverzeichnis.
202	Wichtigste Schriften von Norman Foster.
202	Wichtigste Schriften über Norman Foster.
207	Wichtigste Ausstellungen.
208	Verzeichnis der Fotografen.

Technologie als Gelegenheit für Architektur.

«Die griechische Wurzel des Wortes Technik (téchnè) hatte sogar die Bedeutung ‹Kunst›. Die alten Griechen trennten in ihrer Vorstellung Kunst nie von Handwerk und hatten deshalb für beides nur ein Wort.»
Robert M. Pirsig, Zen und die Kunst ein Motorrad zu warten, 1974 (dt. Übersetzung, Frankfurt a. M. 1976).

Die Verleihung der *Gold Medal of Architecture* der *RIBA*, höchste britische Auszeichnung und einer der international angesehensten Preise, sanktioniert, als Vollendung einer langen und schöpferischen Karriere, in der Regel die Zugehörigkeit zum «Olymp der großen Architekten».
1983 erhielt Norman Foster diese Auszeichnung. Mit 48 Jahren in einem jungen Alter für derartige Feierlichkeiten, als seine immerhin schon zwanzigjährige, mit namhaften Erfolgen versehene Karriere alles andere als vollendet zu betrachten war. Seine Aktivität verzeichnete im Gegenteil eine außerordentliche Phase von kreativen Höhepunkten, verwirklicht in einer Arbeit kontinuierlicher Forschung, deren Resultate wesentliche Beiträge zur künftigen Definition seines Gesamtwerkes sind und noch sein werden. Diese erscheint uns entschieden charakterisiert als *work in progress* – offen gegenüber neuen konzeptionellen Erweiterungen und weit entfernt von jener «Ermüdungsschwelle», welche manchmal den rückläufigen und absteigenden Moment in der kreativen Parabel anzeigt. Jeder Versuch, heute schon eine historische Perspektive zu finden, erscheint daher als problematisch: Das relativ junge Corpus von Projekten und Bauten steht bei aller Kontinuität auch im Zeichen lebhafter Dialektik zu dem, was das Studio des englischen Architekten jetzt im Begriff ist auszuarbeiten und zu produzieren.
Im übrigen ist es immer ein schwieriger Versuch, die sich überstürzende Gleichzeitigkeit geschichtlich erfassen zu wollen.
Trotzdem setzt die Bedeutung von Norman Foster im Zusammenhang mit der zeitgenössischen Architektur eine kritische Annäherung an seine Person und seine Arbeit voraus. Diese faßt notwendigerweise die Gegenwart in der Komplexität ihrer mannigfachen Formen und Äußerungen geschichtlich zusammen, um die Tendenz reduzierter Analysen, die sich in einem Stil- und Typensystem äußert, zu überwinden.

Die Architektur von Foster und seine Zeit.
Die engen Beziehungen, welche zwischen der Architektur und ihrem allgemeinen Umfeld – vom sozialen zum kulturellen, vom ökonomischen zum politischen – bestehen, rechtfertigen jene Interpretationen, bei denen Lesarten gebraucht werden, die für verschiedenartige Disziplinen spezifisch sind.
Dank diesen Methoden ist eine ungefähre Annäherung an das Verständnis jenes «Status der Kunst» möglich, so wie er sich zu Beginn der sechziger Jahre abzuzeichnen begann und sich bis in unsere Tage fortsetzt.
Es ist daher nicht zufällig, daß die Architektur heute von mehreren Seiten betrachtet wird,

indem man das Augenmerk auf die Wissenschaft, die Kunst, die Soziologie und auf andere Gebiete richtet, um die Widersprüchlichkeit der Phänomene zu erhellen, wodurch sich die Architektur selbst ausdrückt.
Eine Widersprüchlichkeit, die in Wahrheit aus einer Verflechtung von Ereignissen und Situationen herzukommen scheint, die im Verlauf nur eines Jahrzehnts fortschreitend und schnell die ausgleichenden Strukturen der Produktions- und Konsumsysteme, der Kommunikation und der Beziehungen, nicht zuletzt auch des Bewußtseins geändert haben: kurzum, die Lebensgewohnheiten des ganzen Erdkreises.
Wie also mit Beurteilungskriterien, die stark von Gesichtspunkten autonomer Fachrichtungen beeinflußt sind, umgehen? Sind doch gerade die Ökonomie und die Soziologie gleichzeitig so ausgeprägt ausschlaggebend für das Verständnis der Architektur als Phänomen in voller Entwicklung.
Interessant ist daher die Definition, die Leonardo Benevolo – und nicht nur er – vom aktuellen geschichtlichen Moment als einem «Zustand der Ungewißheit» gibt. Symptomatisch ist der Übergang zum spezifisch Architektonischen. Dieses Konzept erarbeitet er anhand der ökonomischen Analyse, die er von John Galbraith übernommen hat[1].
Es ist die Ungewißheit, welche den besonderen Charakter unserer Zeit ausmacht. Einigen zufolge wäre sie die Folge der oben erwähnten Erschütterungen und würde aus dem Scheitern der «zentralen Stellung der Vernunft» herrühren ebenso wie aus dem «Zerfall der Glaubenssysteme», welche die Basis des Handelns und Strebens der Gesellschaft bilden[2]. Wenn tatsächlich die Idee der «projektbezogenen Vernunft» die erkenntnistheoretische Grundlage der Moderne bildet, dann bewirkt ihr Verfall den folgerichtigen Niedergang der modernen Architektur, die von ihr durchdrungen ist und sich an ihr orientiert. Der Verlust der «rationalen Sicherheiten» habe so den «Zustand der Ungewißheit» eröffnet, unter anderem bezeichnet durch den beängstigenden Eklektizismus einiger architektonischer Erfahrungen.
Diese wurzeln eigentlich in den verwirrenden Pfaden, welche von jenen begangen wurden, die in den sechziger Jahren als die einflußreichsten Verfechter der modernen Orthodoxie und als die direkten Nachfahren der kurz zuvor verstorbenen Meister bezeichnet wurden. Interessant in diesem Sinne können die Figuren von Philip Johnson, Louis Kahn oder James Stirling sein, auch für den großen Einfluß, den sie auf die nachfolgenden Generationen ausgeübt haben. Wie für viele andere Theoretiker und Entwerfer auch, wollte ihr, recht unterschiedliches, Abschiednehmen von der Moderne den Versuch anzeigen, die «notwendige Autonomie» der Architektur wiederzuerlangen, um aus der ersehnten Dimension einer «wiedergefundenen reinen Kunst» zu schöpfen.
In einer solchen Übernahme scheint der Wechsel weg von einer eigentlich positiven und optimistischen Idee der Moderne, entlehnt von den bürgerlichen und sozialen Utopien ihres Ursprungs, inbegriffen zu sein.
Diese Alternative äußert sich ausdrücklich in der Form der reaktionären Gegenposition zur jüngsten Vergangenheit: Der positiven Kraft des modernen Gedankens ist die «Negativität», wenn nicht gar der «postmoderne Nihilismus» gegenübergestellt; der Optimismus der «Vernunft» wird vom «schwachen Gedanken» bekämpft.
In der Architektur ist eine solche Tendenz, die die logische Strenge der Moderne als hemmend empfand, auf einen Experimentalismus hin ausgerichtet, der von einem überbordenden und trotzdem oberflächlichen und formalistischen Elan gekennzeichnet ist. Dieser Schwung ist ohne nennenswerte Inhalte und Werte, begrenzt durch die extreme Bruchstückhaftigkeit der Beiträge und Zugänge.

Dieselbe Vereinzelung, die mit vielen solchen Experimenten verbunden ist, drückt in aller Deutlichkeit die rein stilistische und wiederauflebenlassende Finalität solcher Suche aus. Das heutige Panorama ist von heterogenen und gegensätzlichen Strömungen geprägt, welche die eigene Legitimität darin suchen, daß sie sich dem Gebrauch von extravaganten und willentlich überraschenden Bildern zuwenden. Immerhin: Experimente, die auf einer kulturellen Stärke gründen, welche durch den lebendigen und tatkräftigen Einfluß der Moderne genährt wird, ragen daraus hervor. Das Werk von Norman Foster übersetzt in fortwährender Beziehung zur Moderne ihre Ideale und Erwartungen. Sie sind von einem generellen Gesichtspunkt aus wichtig, weil sie auf Voraussetzungen basieren, die den Vorrang des Ethischen vor der Ästhektik, des Geistigen vor dem rein Technischen bekunden.

Folgt man der Hypothese von Habermas, welche die Moderne als noch nicht vollendet und daher alles andere als erschöpft betrachtet haben will, könnte man suggestiv über die letzte Bedeutung der Arbeit von Foster mutmaßen: Sie wäre ein entropischer Faktor im derzeit sich noch abspielenden Formungsprozeß der modernen Architektur.

Die Kontinuität mit der modernen Tradition: Die Leitgedanken.

In einer Zeitspanne, die entscheidend vom Klima der Ernüchterung, von einem allgemeinen Skeptizismus beeinflußt ist, erscheint jede bestimmte Definition der Moderne, sei es in der architektonischen Praxis oder in der Theorie, als problematisch. Die Haltung all derer, zum Beispiel, welche die Moderne, oder besser die Modernität, nostalgisch interpretieren, bleibt trotz ihres großzügigen Ansatzes diskutierbar. Sie ist abgeschlossen und ihre historisch-formale Sicht beschränkt sich auf die Erfahrungen der Meister dieses Jahrhunderts. Eine solche Kategorie wird von diesen als Gegensatz zur aufdringlichen eklektischen Manier benutzt. Aber ihr ästhetischer Ansatz basiert auf einer sogenannt «modernistischen» Vorliebe, die im wesentlichen mit jenem «antiquarischen Geschmack» vergleichbar ist, welcher die postmoderne Masse formt.

Norman Foster hingegen unterscheidet sich davon. Er beteiligt sich nicht an den ausweichenden stilistischen «querelles», die eine große Rolle in der zeitgenössischen Debatte spielen. Seit den Anfängen seiner Laufbahn erkundet er Wege, die offensichtlich weit entfernt von dem sind, was heute oft als Zentrum des Architekturinteresses betrachtet wird. Bemerkenswert ist die Tatsache, daß die Bezüge in seiner Arbeit in den Gedanken und Werken von Autoren zu suchen sind, denen die offizielle Geschichtsschreibung die charismatische Bezeichnung als Meister abgesprochen hat: von Fuller zu Eames, von Wachsmann zu Prouvé oder Chareau, von Paxton zu Eiffel. Persönlichkeiten also, denen stilistische Beschäftigungen, die ausschließlich als Symbol für den modernistischen «Zeitgeist» stehen, fremd sind. Sie sind aber von einem wirklich erneuernden Projekt fest in Anspruch genommen, dessen Tragweite die Entwicklungsmöglichkeiten der Architektur selbst ausmißt. Indem er aus diesen Quellen schöpft, stellt Foster einige der wirklich ausschlaggebenden Fragen, welche durch die gesamte Tradition der Moderne gehen. Unter ihnen ist jene der Technik der wichtigste und konstante Bezugspunkt in seiner Arbeit. Sie vermittelt direkt zwischen der Architektur und der Welt der industriellen Fertigung, der technisch-wissenschaftlichen Forschung, der Kunst.

Im übrigen ist gerade die Technologie – verstanden als System von Techniken und der zugehörigen Apparate – ein unterscheidendes Merkmal unserer Epoche. In der Bewertung einiger Werke dieser Periode, darunter jene von Foster, erscheint in diesem

Sinne das Postulat von Max Bense besonders überzeugend. Er sieht die Kunst und die Wissenschaft im technologischen Zeitalter als wieder zusammengefügte Einheit von Kunst und Wissenschaft der Technologie. Beachtet man den Zusammenhang zwischen dem ästhetischen, dem technisch-wissenschaftlichen und dem funktionalen Resultat, so vereinigt sich das Werk von Foster mit einem anderen Angelpunkt der modernen Architekturkonzeption: Jenem vom Verhältnis zwischen Zweck und Mittel und von der Art und Weise, wie derselbe Bezug realisiert wird.

Ein delikater und problematischer Gegenstand, wo begeisterte und gewissenhafte philosophische Beobachtungen zusammenlaufen, wie eine wertvolle Studie von Tomás Maldonado[3] anmerkt. Diese Bemerkungen bilden im vielfältigen Spektrum der kritischen Analysen eine unaufschiebbare Prüfung jedes Projektes. Von hier geht vorsichtig, aber unmißverständlich in der Wahl des Faches, die Position von Foster hervor. Sie faßt die bedeutenden Züge eines Unterfangens zusammen, das sich der schwierigen Bedingungen der zeitgenössischen Kultur gut bewußt ist. Dennoch ist dieses Wagnis von kreativer, der offenen Herausforderung der Moderne gegenüber nicht verzichtender Spannung durchdrungen. Die Formulierung von verborgenen Poetiken ist Norman Foster fremd. Er ist nicht in einfache und vergängliche neoavantgardistische Enthusiasmen verwickelt. Der Architekt aus Manchester folgt dem Weg der «Realpolitik». Dieser erlaubt ihm, die positiven Effekte, welche ein gewisser Poetiktyp noch durchaus anbieten kann, konkret zu verwirklichen.

«Die Architektur», sagte Norman Foster, «ist eine pragmatische Kunst. Viele Leute sind im Bauprozeß involviert; viele Möglichkeiten haften dem Problem selbst an; es gibt viele Arten, den Raum zu organisieren, ein Gebäude mit Bezug auf den Ort zu errichten, und viele konstruktive Techniken sind möglich. Der Entwurf ist ein wahres Instrument. Ein Mittel, die unausweichlichen Konflikte zu integrieren und zu lösen, welche von Mal zu Mal auftreten in den sich entwickelnden Beziehungen zwischen öffentlich und privat, oder zwischen sozial annehmbar und ökonomisch angemessen. Durch den Entwurf ist es möglich, die künstlerischen Aspekte des Bauens mit dem Problem der Kosten, der Zeit und der Qualitätskontrolle in Einklang zu bringen. Wir versuchen, alle Daten in einem überzeugenden Wertsystem, das die Entscheidungsgrundlage bildet, zu optimieren. Wir hoffen, ein Resultat zu erreichen, wo das Ganze mehr ist als die Summe der Teile.»[4]

Dieses bejahende Vertrauen in die Werte der Rationalität, diese klare Formulierung seiner eigentlichen Leitgedanken, definiert die Natur des vom englischen Entwerfer eingeschlagenen Weges. Diese Konzepte selbst zeigen unmittelbarer, wie er an der Komplexität des systematischen Ansatzes festhält. Fuller hat Wichtiges dazu beigetragen, er fügte sich in die Reihe der Allgemeinen Theorie der Systeme ein, die von Whitehead bis zu von Bertalanffy die Grundlage bildet für ein revolutionäres und prägnanteres Bewußtsein der Realität und ihrer Phänomene. Fullers Lehre ist ein Teil von Fosters Methode. Der für den amerikanischen Meister typische Organismusgedanke scheint im Übertreffen der rein technizistischen Version des Projektes ins Konkrete übersetzt zu sein. Nicht mehr als bloß spezifische Antwort auf autonome Wissensbereiche geplant, wird der Entwurfsprozeß zum topischen Moment einer erweiterten Welterfahrung. Doch das Besondere kann nie ganz als selbständiges Wesen vom Allgemeinen gesondert und herausgearbeitet werden, weil es synergetisch an der Gesamtheit mitwirkt. Und dies gilt sowohl für die introvertierte Phase der Beobachtung und Analyse als auch für die extravertierte des Entwurfes und Vorschlages. Ein solcher Ansatz ist voller Konsequenzen. Er trägt dazu bei, daß die für das architektonische

Projekt spezifischen Interessensgebiete sofort erweitert werden. Der Entwurf wird multi- und interdisziplinäres Arbeitsfeld und verlangt die Integration von verschiedenen funktionalen und wissenschaftlichen Fähigkeiten.
Die Struktur des Studios «Foster Associates» reflektiert dieses Gedankenmodell getreu, wovon eine Arbeitsmethode zeugt, die zum eigentlichen Symbol dieser Firma geworden ist. Norman Foster und seine Mitarbeiter haben außerordentliche Resultate erzielt, indem sie das architektonische Produkt als Folge von Synergien betrachten, die im System Programm / Entwurf / Ausführung mitwirken. In einer der strategisch wichtigsten Phasen des Bauprozesses sind besonders jene Ergebnisse der Kontrolle der Zeiten, der Kosten und der Qualität von Material und Architektur zu nennen. Von einem technischen Gesichtspunkt aus erweist sich die Wirksamkeit eines solchen Systemansatzes größer als bei einem traditionellen Prozeß, der auf einer mechanischen Abfolge von in sich abgeschlossenen Bauphasen beruht. Den Beweis dafür lieferte die schnelle Realisierung von einigen funktional komplexen Gebäuden. Für sie erforderte das System Programm / Entwurf / Ausführung kürzeste Zeiten: achtzehn Monate für den IBM-Sitz in Cosham (siehe Seite 62), zwölf Monate für das Olsen-Zentrum in den Docks von London (siehe Seite 47) und lediglich acht Monate für den anderen Sitz der IBM in Greenford (siehe Seite 127).
In Begriffen, die über die technischen hinausgehen, läßt sich behaupten, daß Foster die Architektur als globales System von interdisziplinären Übereinstimmungen betrachtet, und nicht als selbständiges Verfahren eines abgetrennten Wissens. Seine Position ist eher eine der Kompetenz als die der Spezialisierung. Seine Architektur ist daher offenkundig alternativ gegenüber den fixen Modellen akademischer Art, die heute von den Postmodernisten und Klassizisten aufgewertet werden. Jene beeilen sich, ziemlich überspitzte und exklusive Bereiche interner Gegenüberstellung abzugrenzen. Tatsächlich provoziert ihr Drang einerseits die extreme Aufsplitterung der Debatte in eine Unzahl formalistischer Hypothesen, andererseits unterstreicht er die Trennung und die Autonomie des architektonischen und gestalterischen Denkens von den notwendigen Bindungen. Diese müssen zu den anderen Gebieten des Projektes (von den unmittelbaren zu den marginalen) bestehen, damit es nicht in die Rolle der bloßen Dekoration verfällt.
Foster hat immer gegen die Gefahren solcher Bewußtseinsspaltung gekämpft, indem er unüblichen Wegen folgte, die oft unbequem und vermutlich irritierend für das kulturelle Establishment waren. Es ist kein Zufall, daß er über Architektur nie in abstrakten oder esoterischen Begriffen sprechen würde. Diese bilden die «freie Sprache» der gegenwärtigen Debatte und scheinen unerläßlich, um à la page zu sein.
Seine Betrachtungen betreffen immer den konkreten Umstand der Projektausarbeitung, so daß er, sich auf den Anfang seiner eigenen Karriere beziehend, sagt: «Wir lebten in einer Zeit des Vergleiches und Wettbewerbes mit den Konstruktoren, den Produzenten und selbst den Kunden. Diese wußten genau, was sie an einem Gebäude verdienen konnten, indem man an den Bauzeiten einsparte. Wir brauchten nie das Wort Architektur. Es war wichtig in jenem Zusammenhang, uns mit nicht-architektonischen Problemen zu beschäftigen. Wir waren in der Lage, es zu tun und zeigten, daß wir nicht nur die Kosten niedrig halten, sondern auch innert kurzer Zeit bauen konnten, indem wir vorgefertigte Techniken anwandten. Wir führten Flexibilitätskonzepte ein und erkannten, daß für den größten Teil unserer Kunden die einzige Konstante das Bedürfnis der Veränderung war. Um auf all diese Anforderungen kreativ zu reagieren, hatten wir unsere auf einer traditionellen Ausbildung beruhenden Modelle umzustürzen, um die

uns umgebende Realität zu erkennen. Es handelte sich auch darum, die Bauherren einzubeziehen und sie dahingehend zu beeinflussen, daß sie ihre passive Rolle aufgaben und während der ganzen Entwicklungsphase eine fördernde Mitarbeit entfalteten. Unter diesem Gesichtswinkel könnte für manche Projekte unseres Studios der Begriff ‹Architektur für Architekten› ungewöhnlich scheinen.»[5]

Architektur, Kunst, Technologie.

Bei einer aufmerksamen Analyse verraten jedoch dieselben Projekte und Realisationen eine konstante ästhetische und formale Sorgfalt, so daß es schwierig wäre, ihre nicht kunstvolle Ausführung zu behaupten. Bezüglich der üblichen Praxis und der gängigen Schemata drücken sie eine offenkundige Andersartigkeit aus: Sie stellen die Vorzüge der Technologie als Bedeutungsträger für eine tiefgreifende Erneuerung der Architektur hin.

Eine Andersartigkeit, die provokativ und geradezu unannehmbar für jene erscheint, welche in der Technologie ein perverses Mittel sehen: sträflich und bedauernswert, einem althergebrachten Funktionalismus eigen, ja (in kurzsichtiger Verallgemeinerung) sogar der Moderne selbst. Die wiederkehrenden Krisen und Enttäuschungen der letzten Jahrzehnte haben auf der einen Seite dazu beigetragen, die Wirkungslosigkeit der naiverweise der Architektur zugeschriebenen unwahrscheinlichen Rettungsmöglichkeiten aufzudecken. Andererseits aber dürfen sie nicht die Verweigerung jenen Versuchen gegenüber legitimieren, die mit ernsthaften Einfällen konsequent die realen, immer noch unerforschten Gründe und Möglichkeiten der Moderne und ihrer Folgen – darunter gerade der Technologie – erkunden.

Wie Reyner Banham scharfsinnig unterstreicht: «Bauen mit unkonventionellen Materialien und mit für ungeschulte Augen unvertrauten Formen – also die moderne Architektur errichten – heißt ‹die Architektur des Risikos› ausführen [...]. Die Traditionen und die Routine verlassen heißt, sich des nicht deterministischen Wesens des Fortschrittes bewußt sein. Er ist nicht unvermeidlich, muß konstruiert werden und geht in die von uns gewollte Richtung, nicht automatisch vorwärts und nach oben.»[6]

Der volle Besitz des Rollenbewußtseins des Entwerfers im historischen und sozialen Zusammenhang seiner Zeit wird in diesem Sinne grundlegend. Weder Demiurg noch romantischer Revolutionär, wird der hypermoderne Architekt nicht mehr die Geschicke der Welt verändern müssen. Noch wird der postmoderne Architekt, nicht gleichgültig und zynisch in seinen eigenen Spekulationen verfangen, sich von der Gesellschaft abwenden müssen. Der Architekt wird hingegen, sich selbst vernünftig in die gegenwärtige Wirklichkeit einfügend, zur Entwicklung und zum Wachstum der menschlichen Gemeinschaft beitragen können.

Eine solche Haltung trägt vielleicht dem Begriff einer Moderne Rechnung, die immer da war und auch weiterhin bestehen wird. Wenig Sinn hat die Definition Norman Fosters, welche Charles Jencks oder Alastair Best formulieren. Sie nennen ihn einen «Spät-Modernen»[7] oder «einen der letzten Modernen»[8] – in der Absicht, von einer ungewöhnlichen Persönlichkeit, einer vom Aussterben bedrohten Spezies zu sprechen, von einer bereits abgeschlossenen Epoche also. Die gleiche Definition macht übrigens alle Empfindlichkeiten der um tröstende Klassifikationen besorgten Kritik deutlich. Foster antwortet gerade dieser Kritik, die ihn unter der Rubrik «High-Tech» verzeichnet hat, mit barer Verweigerung. Er klagt eine Kategorisierung an, die bloß die oberflächlichen und mondänen Aspekte einer Erfahrung beachtet, welche ganz anderswo ihre Argumente sucht. Diese verstehen die Technologie sicherlich nicht als Phänomen der saturierten und sterilen Form-Exzesse industrialisierter Komponenten innerhalb des Baufabrikates. Maschinenmetapher, die für die erkenntnistheoretisch wesentliche Bedingung der High-Tech-Kategorie zu stehen scheint.

Norman Foster umreißt immer wieder genau die Distanz zu solchen stilistischen Positionen: Leidenschaftlich bekräftigt er sein Desinteresse für eine Technologie als Selbstzweck. Er verficht im Gegenteil all ihre Werte hinsichtlich sozialer Zielsetzungen[9]. Auf diese Weise kommt man erneut auf den Kern der Problematik Mittel / Zweck zurück. Sie zeigt das Schicksal der modernen Architektur und ihrer Stellung in der zeitgenössischen Realität.

Die Anwendung der industriellen Technologien durch den englischen Architekten hat wie für Fuller die Bedeutung einer Antwort – sei es entweder auf die Mängel einer traditionellen, aber allmählich durch die Zersplitterung der handwerklichen Fähigkeiten erschöpften Bautechnologie, oder auf die Bedürfnisse der Wiederherstellung einer gemeinsamen Wertgrundlage, alternativ zu vorhergehenden, verlorenen «Natürlichkeit» des Konstruktionsaktes.

Foster trägt auf diesem materiellen wie geistigen Gang Sorge, alle Aspekte hervorzuheben, die dem eigentlichen Werk wie untrennbare Elemente der komplexen Totalität der Architektur Substanz geben. Wenn die Technologie als Mittel für noblere und weitreichendere Zwecke zu gebrauchen ist, als jene ihrer einfachen Anwendung, dann wird sie ein flexibles, variables Instrument sein können, das mit den funktionalen, sozialen, psychologischen, räumlichen Notwendigkeiten übereinstimmt: sie wird mehr als «High-Technology» sein, und man wird von *Appropriate-Technology* sprechen müssen. Weil die Technologie so die menschliche Sphäre durchdringt, wird sie die ununterdrückbaren kommunikativen und expressiven Ansprüche des Menschen beeinflussen und wird ihrerseits dann beeinflußt werden. Diese bilden die Hauptgrundlage der künstlerischen Entwicklung.

Norman Foster zitiert gern aus «Zen und die Kunst ein Motorrad zu warten» von Robert Pirsig: «Aber Technik ist einfach das Anfertigen von Sachen, und das Anfertigen von Sachen an sich kann nicht häßlich sein, denn sonst wäre kein Platz für Schönheit in der Kunst, die ebenfalls das Anfertigen von Sachen einschließt. Die griechische Wurzel des Wortes Technik, téchnè, hatte sogar die Bedeutung ‹Kunst›. Die alten Griechen trennten in ihrer Vorstellung Kunst nie von Handwerk und hatten deshalb für beides nur ein Wort [...]. Man kann den Konflikt zwischen menschlichen Werten und technologischen Erfordernissen nicht lösen, indem man vor der Technologie davonläuft. Das ist unmöglich. Um den Konflikt zu lösen, muß man die Hindernisse dualistischen Denkens niederreißen, die jedem echten Verständnis des Wesens der Technologie im Wege stehen – man darf also nicht die Natur ausbeuten, sondern muß Natur und menschlichen Geist zu einer neuen Schöpfung verschmelzen, die über beides hinausgreift.»

Die bedeutsame Nähe dieser Worte zu Fullers kosmischer Idee knüpft an einen weiteren Punkt von Fosters Arbeit an. Es handelt sich um den gesuchten Bezug zwischen seiner Architektur und der natürlichen Umgebung. Das Verhältnis ist mit vielfältigen Absichten beladen. Es geht über die Vorstellung des durch rein sichtbare oder typologische Lösungen in den Kontext gestellten Objektes hinaus. Die architektonische Beziehung zur Natur schöpft hingegen innovative Resultate aus dem Ansatz des Systemgedankens. Die aufmerksamen Beobachtungen der Naturphänomene schaffen die Voraussetzung für eine radikale Revision der Baustrukturen. Dies alles verdeutlicht sich in erster

Linie anhand des Energieproblems, das so ernsthaft und dringend in der Fachdebatte ist wie voll von Mißverständnissen. Die «riskante» Verwendung – wie Banham es nennt – von leichten Materialien, vorgefertigten Bauteilen, Glas usw. charakterisiert das Studio Foster Associates. Normalerweise wird sie auf die Vorstellung einer kostspieligen Architektur reduziert, die man, nicht ohne gewissen sarkastischen Unterton, als High-Tech mit hohem Energieverbrauch einer «muralen Architektur» gegenübergestellt. Viele Überlegungen und die Rückkehr zu einer mehr tyrannischen als freundlichen Vergangenheit lassen sich so plausibel erklären. Diese letztere Haltung ist oft von der lähmenden Angst, mit aktuellen und wirksameren Mitteln und Technologien zu experimentieren, befallen. Fosters Antwort ist im kreativen Einfall begründet, der durch wissenschaftliche Beiträge und beachtliche technische Fachkenntnisse bestärkt wird. Die Integration der verschiedenen Elemente des Projektes, untereinander und mit dem umgebenden Kontext, wird für die formale wie für die typologische Ausstattung der neuen Bauwerke ausschlaggebend. Im übrigen, sagt Fuller, ist die Architektur nicht eine Funktion des Materials, weil dieses selbst geplant werden kann. So entstehen alle die Forschungen und Studien, welche Foster in diesen Jahren zu den kompakten Gebäuden mit großen Spannweiten, zu den «umbrella buildings», zu den integrierten Strukturen vorangetrieben hat. Diese erweisen sich trotz ihrer beachtenswerten Leichtigkeit bezüglich der Energie als recht effizient. Paradebeispiel ist das Sainsbury Centre (siehe Seite 107), dessen genaues Gewicht Foster oft anführt: es ist viermal geringer wie der kleine unterirdische Magazinteil. Leichtigkeit will aber nicht Verarmung des Gebäudes und Banalisierung seines Bildes heißen: sie ist Symbol für das Systemverständnis, worauf Ökonomie und Eleganz basieren. Sie bezeichnet einen echt modernen Geist, wie jenen etwa, der Eiffel geleitet hat. Sein Turm wiegt weniger, erinnert uns nochmals der Architekt aus Manchester, als die entsprechende Luftsäule, welche von der Spitze bis zum Sockel reicht. Er scheint den Fullerschen Gedanken des «Mehr mit weniger» prophetisch vorwegzunehmen. Wahrscheinlich liegt in diesem Grundsatz, der das auf Mies zurückgehende «less is more» paraphrasiert, eine der Wurzeln von Fosters minimalistischer Poetik.

1 Benevolo: L'ultimo capitolo dell' architettura moderna, Rom-Bari 1985, Seite 138.
2 A. L. Huxtable: L'architettura moderna è morta?, in: Immagini del postmoderno, Venedig 1983, Seite 234.
3 Zum Thema siehe T. Maldonado: Il futuro della modernità, Mailand 1987, Seite 59–63.
4 N. Foster: By their own design, herausgegeben von A. Suckle, St. Albans 1980, Seite 138.
5 Architecture and Urbanism, Nummer 9, 1985, Seite 47.
6 R. Banham: Foster Associates, RIBA Publications, London 1979, Seite 4.
7 Ch. Jencks: Late modern architecture, London 1980.
8 A. Best: Un des derniers moderns, in: Norman Foster, Mailand-Paris 1986, Seite 23 (deutsche Übersetzung Stuttgart 1987).
9 By their own design, Seite 138.

Dank.

Die Realisierung dieses Buches wurde auch durch die Materialien und die Hilfe des Studios «Foster Associates» ermöglicht. Durch den Gedankenaustausch mit Birkin Haward im Laufe meiner Reisen nach London sowie durch Katy Harris, die die fotografische Dokumentation erstellte. – Im weiteren möchte ich Luigi Biscogli, meinem Lehrer und Freund, herzlich für den Unterricht und die Ratschläge danken, die mir so wertvoll für das Gelingen der Arbeit waren.

NF

1963 Wochenendhaus in Pill Creek (Cornwall).
Team 4: N. Foster, W. Foster, F. Peacock, R. Rogers, S. Rogers.

Diese erste, ungewöhnliche Konstruktion, in der Mitte zwischen Bunker und Flugzeugkabine, liegt halb unter der Erde. Sie nimmt eines der zentralen Themen in Fosters Werk vorweg: Der Bezug zur Natur, weit entfernt von zufälliger Mimikry, wird gesucht in der poetischen Überhöhung der künstlichen Gegebenheit. Das geheimnisvolle Objekt aus Beton und Glas, kaum aus der Waldlichtung hervorragend, dient der Beschaulichkeit und Entspannung. Es liegt an der Mündung des Flusses Fal. Eine kleine Küche ermöglicht einen kurzen Aufenthalt im «Cockpit».

1 Skizze des perspektivischen Schnittes.
2 Das Refugium in der Lichtung.

1964 Wohnkomplex, Feock (Cornwall). Projekt.
Team 4: L. Abbott, N. Foster, W. Foster, F. Peacock, R. Rogers, S. Rogers.

Die Thematik des Bezuges mit derselben Landschaft des vorhergehenden Werkes charakterisiert die Situation der Einfamilienhauseinheiten. Die Beschaffenheit des Baugeländes, steil abfallend entlang eines Abhanges in Cornwall (Pill Creek), und die Absicht, die landschaftliche Integrität zu wahren, haben die planimetrische Ordnung bestimmt. Die kleinen Gruppen von Zellen sind zwischen den Bäumen eingefügt. Ihre innere Struktur äußert sich außerdem auf mehreren abgestuften Ebenen.
Die Gliederung jeder Wohnung ist zwar eingedenk des Unterrichtes von Serge Chermayeff, deutet aber in der sorgfältigen, präzisen, fast belehrenden Definition der öffentlichen und privaten Räume dennoch auf die originellen Aspekte der späteren Werke. Besonders die Suche nach der Beleuchtung von oben und nach dem bewachsenen Dach ragt hervor. Jede Wohneinheit ist von der Straße oberhalb des Abhanges erschlossen. Sie wird von zwei tragenden Wänden aus Betonblöcken eingefaßt, welche sich über das Haus hinausstrecken, um die freistehenden privaten Räume zu schützen. Die beiden offenen Seiten sind vorwiegend verglast.

Der perspektivische Schnitt der Wohneinheit macht den Bezug zur Umgebung deutlich.

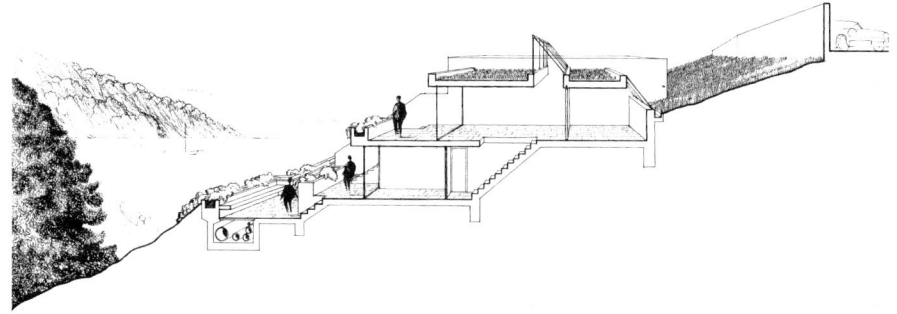

1964 Einfamilienhaussiedlung, Culsdon (Surrey). Projekt.
Team 4: N. Foster, W. Foster, R. Rogers, S. Rogers, J. Young, F. Peacock.

Der Entwurf von 130 Reihenwohnungen zeigt einen sehr traditionellen Plan in Übereinstimmung mit den *low rise-high density* Bauten, welche in jenen Jahren in Großbritannien realisiert wurden. Eine zentrale und mehrachsige Erschließung versucht dem Ganzen einen städtischeren Charakter zu verleihen. Zwei Zeilen von Wohneinheiten stehen sich gegenüber. Die Geometrie des Komplexes ist in ein qualitativ hochstehendes ländliches Umfeld eingelassen, wo sie sich diskret einfügt. Es werden typologische Varianten in der Gliederung und Abstufung der Räume, seien sie öffentlich oder privat, ausprobiert, mit klaren architektonischen Konsequenzen. Daraus ergibt sich eine Vielfalt von Wohnungen auf zwei oder drei Ebenen. Die Fassaden mit Bezug auf die zentrale öffentliche Zone sind vorwiegend geschlossen, während die gegenüberliegenden Seiten großzügig verglast sind. Die Struktur des Mauerwerks aus Sichtbackstein stellt ein Element beachtlichen architektonischen Ausdruckes dar.

1 Modell.
2-4 Längsschnitte.

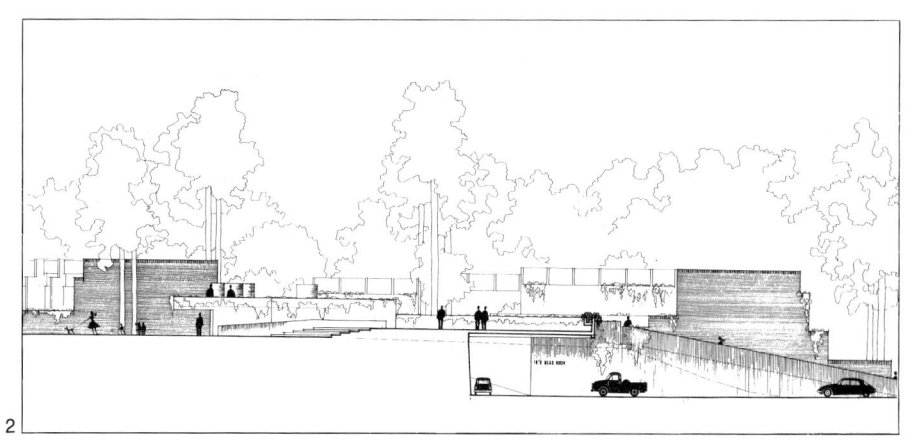

2

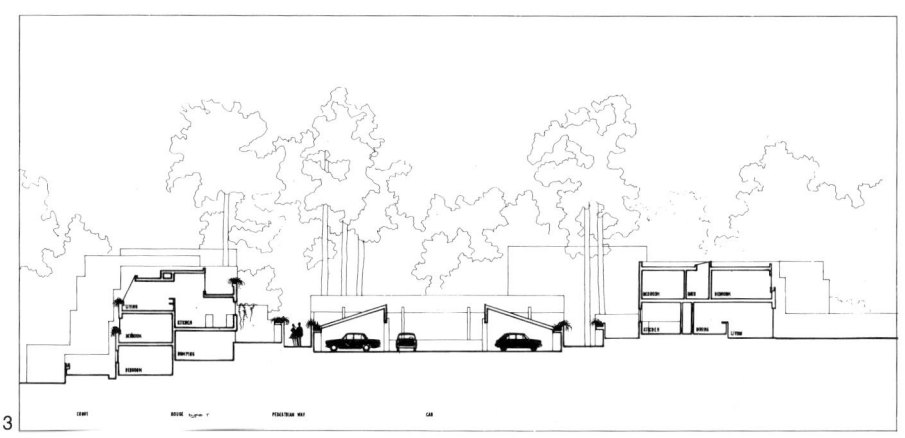

3

4

1964 Drei Reihenhäuser, London (Murray Mews).
Team 4: L. Abbott, N. Foster, W. Foster, F. Peacock, R. Rogers, S. Rogers.

Nach einigen Entwürfen für den Wohnungsbau in nicht urbaner Umgebung, ist dies die erste Gelegenheit zur Konfrontation mit der städtischen Skala in einer kleinen Straße von London («mews»), die von Häusern mit nicht mehr als zwei Geschossen eingesäumt wird. Dem Bezug zur lokalen Tradition von Wohnhäusern, welche den formalen Plan der «mews» charakterisieren, wird der Geist von Präzision und belebender kreativer Erfindung gegenübergestellt. Die geschickte und originelle Interpretation der Baugesetze hat die Errichtung einer kleinen, beachtlichen Wohnungsgruppe erlaubt, wo die maximale Ausnützung des Bauvolumens durch eine kohärente und phantasievolle neue Sehweise der originalen Eigenschaften des Ortes begleitet ist.
Entlang der Straßenlinie ist eine Mauer aus kompaktem Backstein gehalten. Auf dem Niveau des Erdgeschosses ist sie nur mit wenigen Öffnungen versehen, so daß die Einheit der Fassade gewahrt bleibt. Im Gegensatz dazu zeigt sich im Obergeschoß die unkonventionelle Haltung der Architekten, die hier, in rhythmischem Wechsel mit den geschlossenen Backsteinvolumen, geneigte Glasflächen einsetzen. Diese letzteren sind zackig geschnitten wie das typische Profil eines Eisberges. Sie fallen zum privaten Hinterhof ab, nachdem sie die größte Höhe erreicht haben.
Die charakteristische Schnittzeichnung dieses Hausteiles suggeriert eine Nähe zu gewissen Experimenten von Stirling in jenen Jahren. Eine Parallele, die sich aus der Vertrautheit von Foster und Rogers mit dem Architekten aus Glasgow ergibt. Seit den Zeiten der Fortbildung in Yale wurde er von ihnen als Tutor betrachtet. Aber alle möglichen Manierismen entstehen und erschöpfen sich in solcher Parallele, weil sowohl Foster wie Rogers in voller Autonomie ihre Wege beschreiten werden, die sie mit derselben Erfahrung bereits eingeschlagen haben.

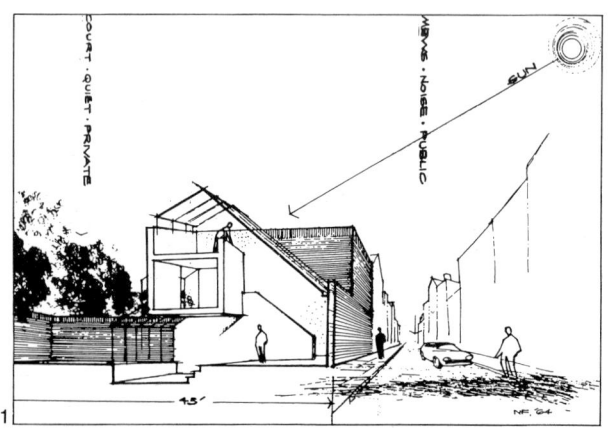

1 Perspektivische Skizze.
2 Eingang Murray Mews.

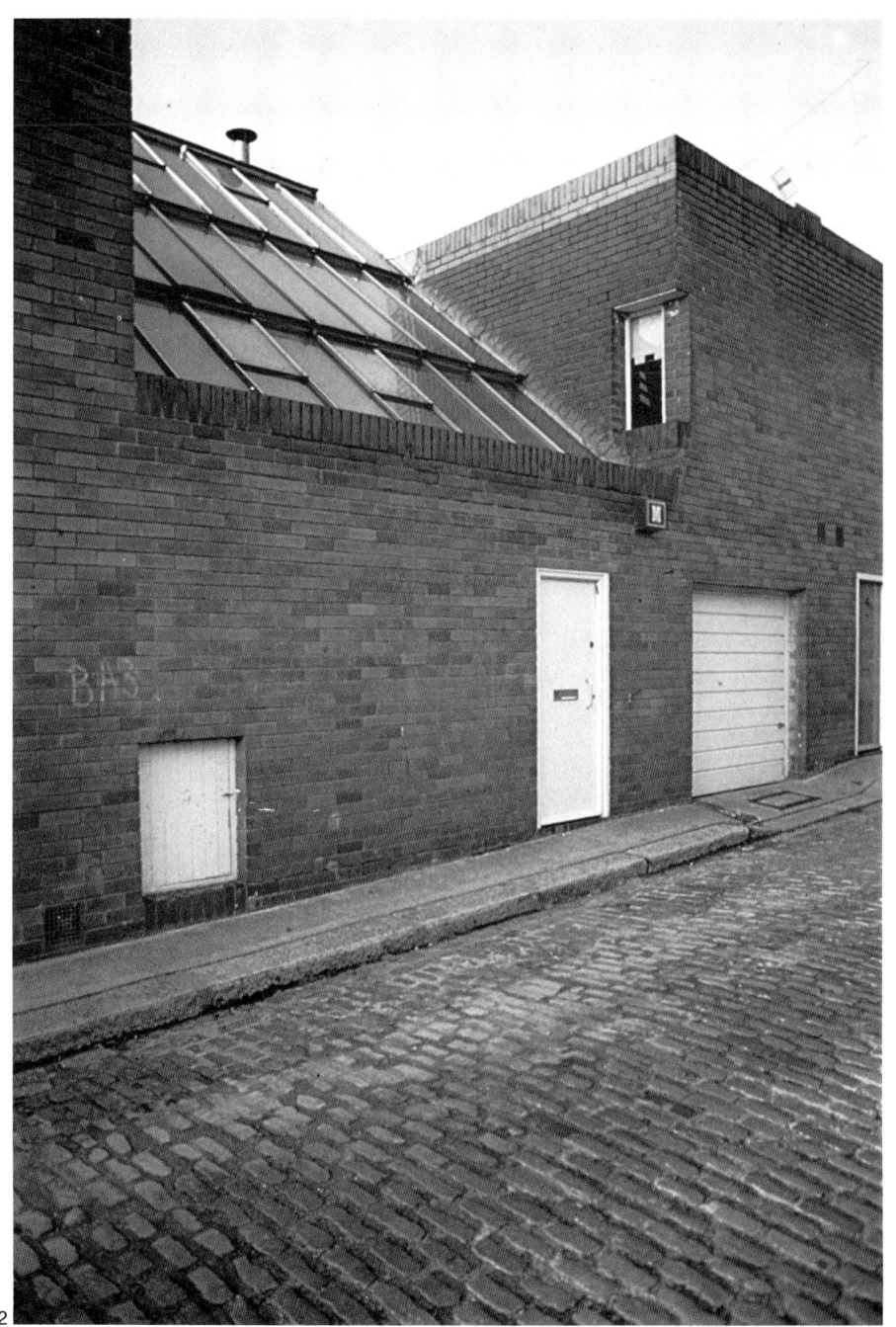

3 Wohnraum zum Hof.
4 Fassade im Hof.

Tatsächlich bezeugt das Gefüge dieser drei Wohneinheiten auf zwei Geschossen die Interessen und Themen, welche die Gruppe konstant verfolgt: Von der schematischen Ausprägung der öffentlichen und privaten Räume über die Verwendung des Lichtes als immateriellem Bestandteil der Architektur zur experimentellen Lust, die traditionelle Baupraxis zu erneuern, indem man vermehrt vorgefertigte Elemente gebraucht.

1964–1966   Haus Brumwell (Creek Vean House), Feock (Cornwall).
Team 4: L. Abbott, N. Foster, W. Foster, F. Peacock, R. Rogers,
S. Rogers.

Nachdem sie nur zeichnerisch die kompositorischen Aspekte von Wohneinheiten auf steil zum Wasser hin abfallendem Gelände vertieft hatten, bekommen Norman Foster und seine Kollegen vom Team 4 die Gelegenheit, diese Errungenschaften im Wohnprojekt für die Schwiegereltern von Rogers konkret nachzuweisen. Es handelt sich in diesem Falle um eine Wohnung für Kunstsammler: ein nicht zweitrangiger Aspekt für die architektonische Gliederung des Hauses.

Vor dem definitiven Entwurf entsteht eine erste Version, die an das Projekt der Wohneinheiten in Feock (siehe Seite 19) erinnert und überarbeitet in den Wohnungen in Murray Mews in London wiederkehren wird.

Ein System von übereinanderliegenden und schrittweise zurückgesetzten Dachräumen wird von einer äußeren Hülle gehalten, die zur Mündung des Fal hin verglast ist. Sie folgt der Bewegung derselben Dachräume, gleichzeitig aber hebt sie sich von ihnen ab, um bei Gelegenheit eine großzügige Offenheit des Raumes auf den drei Ebenen des Hauses zu erreichen. Dies ist eine Vorwegnahme der Idee des Raumes als globaler Größe der Architektur, worauf das Konzept der folgenden «umbrella buildings» basiert.

Die Zeichnung des ersten Vorschlages beschreibt die geometrischen Matrizen, welche die allgemeine Ordnung des Gefüges bilden: Es ist die Hanglage des Grundstückes, welche die Diagonalen bestimmt, die dem Haus die Form geben und es senkrecht durchqueren. Sie verbinden durch eine äußere Treppe alle seine Ebenen bis hin zu einer kleinen Holzkonstruktion (Bootshaus) weiter unten am Wasser.

Das definitive Projekt ist streng auf die Kombination von zwei klar unterschiedenen geometrischen Systemen gestellt: das polar/radiale und das lineare System. So entsteht das Haus durch eine Reihe von strahlenförmig aufgestellten Mauern, die durch zwei parallele Linien, welche die Tiefe des Gebäudes definieren, unterteilt sind. Dieses Grundschema wird darauf abgeändert durch die Einführung eines Knickes und einer relativen Drehung mit der daraus resultierenden Trennung eines Teiles des Baukörpers zur Unterscheidung der Tag- und Nachtzone. Die Verbindung der beiden Flügel wird

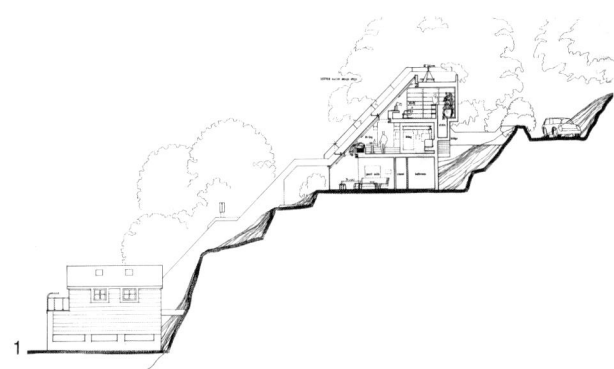

1 Schnitt durch Wohnbereich.
   Erste Version.

durch den Eingang dramatisch betont. Er liegt in der Höhe und ist über einen kurzen kleinen Steg und über eine breite, sich anschmiegende, bewachsene Treppe, die an Aalto erinnert, erreichbar. Sie kommentiert die Morphologie des Ortes und bildet die notwendige Verbindungspause zwischen dem niedrigen, länglichen Baukörper der Zimmer und jenem türmchenförmigen Eß-, Küchen- und Wohnbereich, der sich auf zwei Geschosse erstreckt.

Die Unterscheidung zwischen den zwei Teilen des Hauses findet eine unmittelbare Entsprechung in der unterschiedlichen Ausbildung der inneren Räumlichkeiten. Die lineare Entwicklung des Nachtbereiches bietet die Möglichkeit einer Längserschließung. Sie ist als eigentliche Gemäldegalerie gedacht, die von oben beleuchtet und offen gegen die fließenden Räume der Schlafzimmer ist. Diese sind durch Schiebetüren abtrennbar. Der Tagbereich artikuliert sich in den Räumen von doppelter Höhe, welche diesen Wohnteil verbinden.

2 Der «roof-garden» und die Galerie vom Dach des Wohnbereiches aus gesehen.
3 Grundrisse der oberen Ebene des Wohnbereiches und des Erdgeschosses.

Auf den folgenden Seiten:
4 Galerie.
5 Ansicht des Hauses von der Mündung des Fal aus.

3

4

1966 Haus Jaffe (Skybreak House), Radlett (Hertfordshire).
Team 4: N. Foster, W. Foster, F. Peacock, R. Rogers, S. Rogers.

Mit der Realisierung dieses Wohnhauses bringen die Entwerfer eine Reihe von Ideen auf einen Nenner: sie sind innerhalb der britischen Architektur-Avantgarde zwischen dem Ausgang der fünfziger und dem Beginn der sechziger Jahre reif geworden. Die Konzepte der Flexibilität, Wandelbarkeit und Ausdehnung, mehr auf theoretischer Ebene propagiert als konkret realisiert, werden Untersuchungsgegenstand im Skybreak Haus. Ein funktionales Progamm stellt sich durch die nun gewohnten Situationsbedingungen. Es transformiert sich in einen experimentellen Vorschlag für ein auf verschiedenen Stufen und bei unterschiedlichen Gelegenheiten wiederholbares Modell.

Das schmale und lange Grundstück, leicht abfallend, mit wundervoller Aussicht, scheint die Gestaltung des bewohnten Organismus beinahe zu gebieten. Er wird von zwei Mauern, die auf den Hauptseiten mit Backsteinen verkleidet sind, gehalten. Innen werden sie durch längsgerichtete Wandscheiben dreigeteilt. Daraus geht eine vom formalen Gesichtspunkt aus nie definitiv geschlossene Komposition hervor. Ein Plan typisch «open-ended», aber den gegebenen Bedürfnissen entsprechend veränderbar.

1 Seitenansicht.
2 Gartenfront.

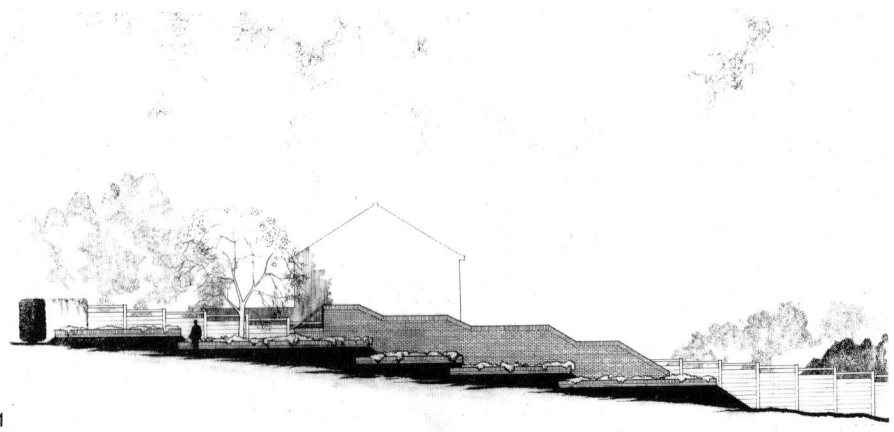

1

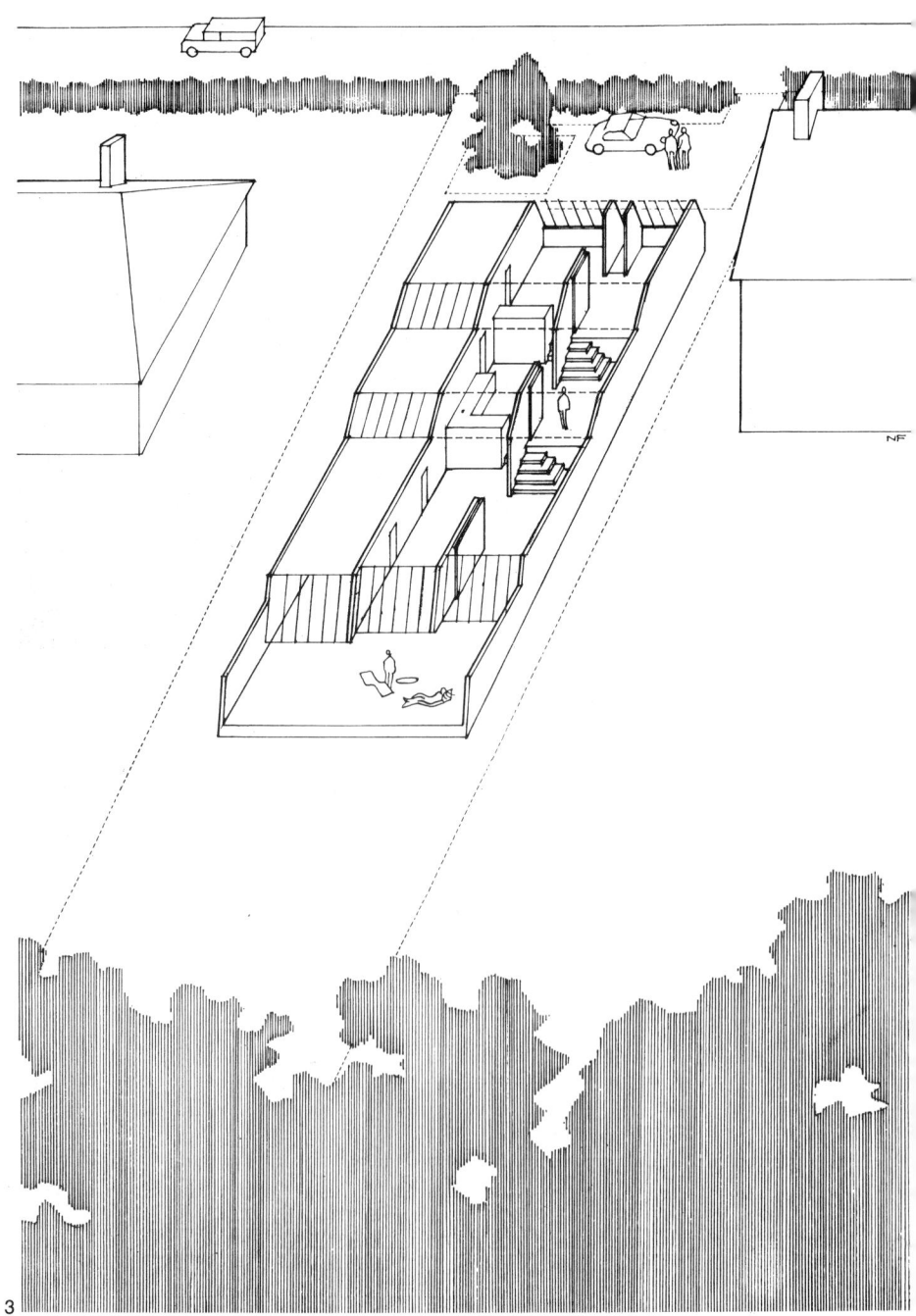

3 Schnittaxonometrie.
4 Blick in den Wohnbereich.

Das architektonische Gefüge kann ohne besondere Schwierigkeiten verändert werden, sei es durch querlaufende Ausdehnung (durch weitere funktionale Wandscheiben) oder durch längenmäßige Ausweitung (Verlängerung des Gebäudes entlang den kürzeren und nicht verglasten Seiten). Der kompakte und tiefgreifende Grundriß, wird durch eine Reihe von auf dem Dach verteilten transparenten «sheds» beleuchtet. Die Flexibilität des derartig erreichten bewohnten Raumes ist in allen ihren kulturellen Implikationen im Lichte der Fermente abschätzbar, welche nicht nur in der englischen Gesellschaft gären: In der Mitte der sechziger Jahre werden viele Werte, darunter die Rolle und die Ordnung der Familie, infragegestellt.

1966 Elektronikwerk Reliance Controls, Swindon (Wiltshire).
Team 4: S. Appleby, N. Foster, W. Foster, F. Peacock, R. Rogers, S. Rogers, M. Sutcliffe, J. Young.

Die «Reliance Controls» ist das letzte Werk des Team 4. Der Bau bezeichnet einen wichtigen Wendepunkt in bezug auf alle vorangegangenen Werke, welche durch behutsame und kontrollierte Neuerungen im Vergleich zur Konstruktionstradition charakterisiert waren.
Angeregt durch den Besitz der gesamten Kontrolle des Bauprozesses, versuchen sich die Entwerfer mit einem ganz vorgefertigten und industrialisierten Fabrikat, architektonisch wie funktional diese erreichte Fülle der kreativen Autonomie ausdrückend.
Eine Selbständigkeit, die durch einen kulturellen Humus genährt wurde, von dem die wichtigsten Experimente der britischen Architektur – darunter die brutalistische, die ausgeprägt auf Mies van der Rohe weist – durchdrungen waren. Der Bezug zur bekannten Schule von Hunstanton der Smithsons kann ein nützlicher Ausgangspunkt in der Analyse dieses Werkes sein. Es scheint auf einer eleganten Neubearbeitung des Lexikons der Smithsons zu basieren. Dieses ist sorgfältig bewertet und filtriert durch die Kenntnis der Arbeiten von Craig Ellwood, Raphael Soriano, Pierre Koenig oder von Charles Eames (alle direkt von Mies' Lehren abhängig).
Eine andere außerordentliche Affinität der «Reliance Controls» ist zur gleichzeitig errichteten Fabrik der «Cummins Engine» erkennbar. Sie wurde in Darlington durch die Amerikaner Kevin Roche und John Dinkeloo realisiert. Eine Verwandtschaft, die nicht erstaunt, bedenkt man gewisse Interessen minimalistischer Herkunft. Foster wie Roche folgen diesen Interessen und bringen sie später, wenn auch in verschiedenen Richtungen, zum Ausdruck. Aber das Werk weist neben diesen eigentümlichen Aspekten auch andere interessante Elemente auf. Insbesondere die Vertiefung der Konzepte der Flexibilität, Ausdehnung und der Wandelbarkeit fügt sich in einen Entwurf des architektonischen Raumes, welcher durch den Gebrauch von wenigen Materialien mit modulierten Dimensionen, die konstant wiederholt werden, gegliedert wird. Die Entwerfer erreichen damit eine geregelte, einheitliche Vorstellung des Gebäudes. Die Stützen, das Haupt- und Nebengebälk, die diagonalen Verstrebungen sind alle weiß gestrichen im Gegensatz zum Blau des einbrennlackierten Wellbleches, welches die äußere Verkleidung bildet.

1 Ansicht.
2 Perspektive der Fassade mit Wasserturm und Schornstein.

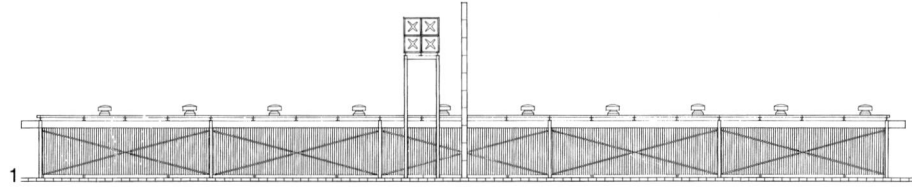

Die «Reliance Controls» ist das erste der sogenannten *umbrella buildings*, welche verschiedene Funktionen unter einem Dach beherbergen. Sie stellen ein grundlegendes Kapitel in Fosters Werk dar. Ein systematischer Ansatz ist in Swindon erstmals vollständig durch ein integriertes System von Installationen und Strukturen nachgeprüft worden. Er ist auf weit mehr als bloß die unmittelbaren Notwendigkeiten eines industriell gefertigten Gebäudes gerichtet und trachtet danach, wirkungsvoll die eigentliche Ordnung der Produktionsstruktur, die traditionellerweise in «white collar» und «blue collar» unterteilt ist, zu beeinflussen.

3 Ansicht der Metallwand.
4 Ansicht der Glaswand.
5 Detail der Metallverkleidung und der Verstrebungen.
6 Raumstudie mit Innenhof.
7 Lageplan.

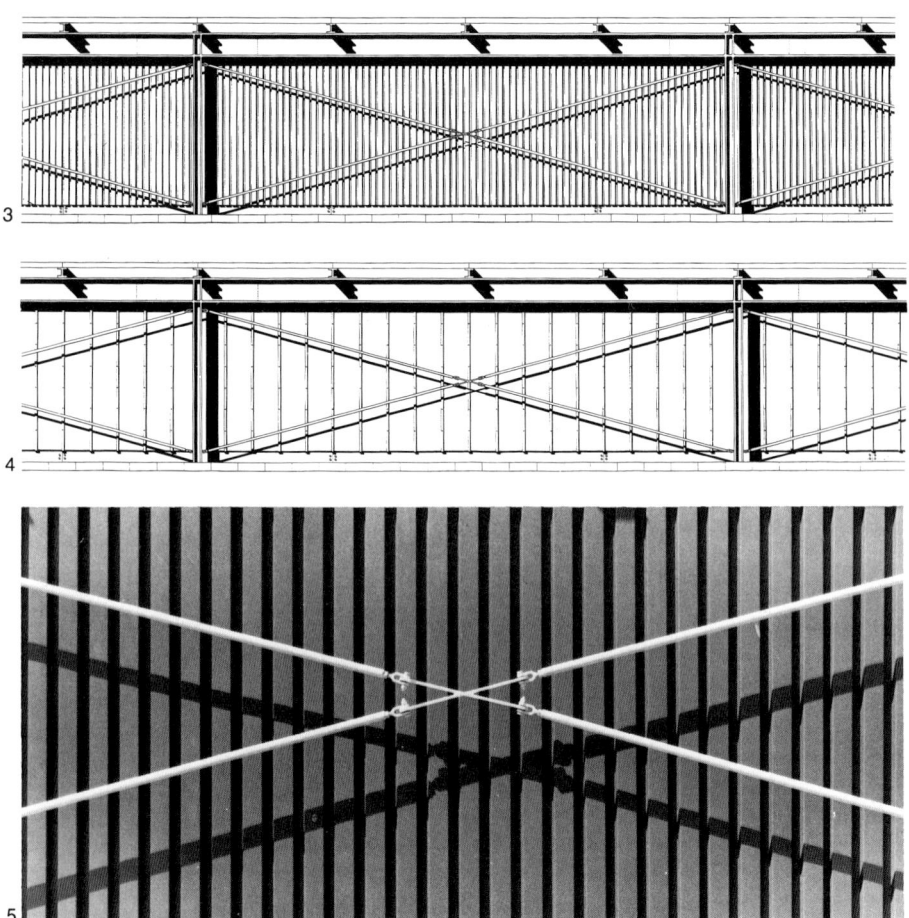

SITE LAYOUT

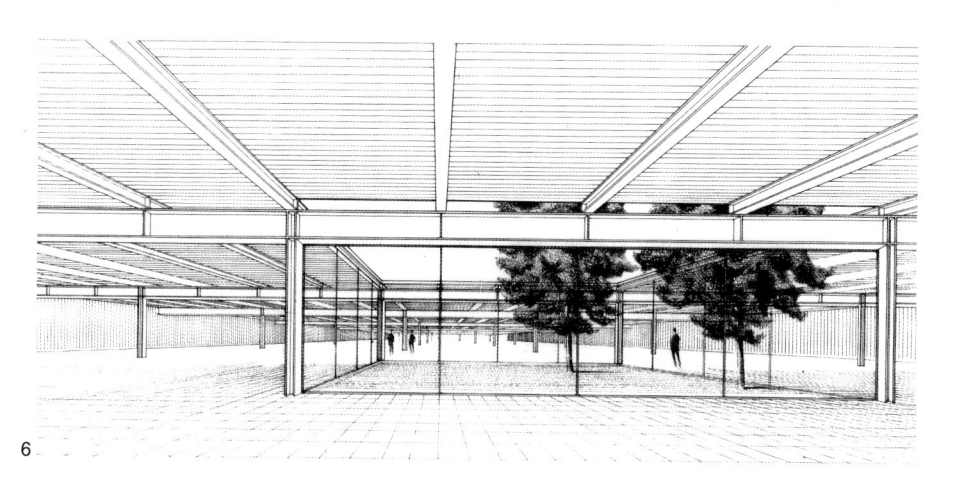

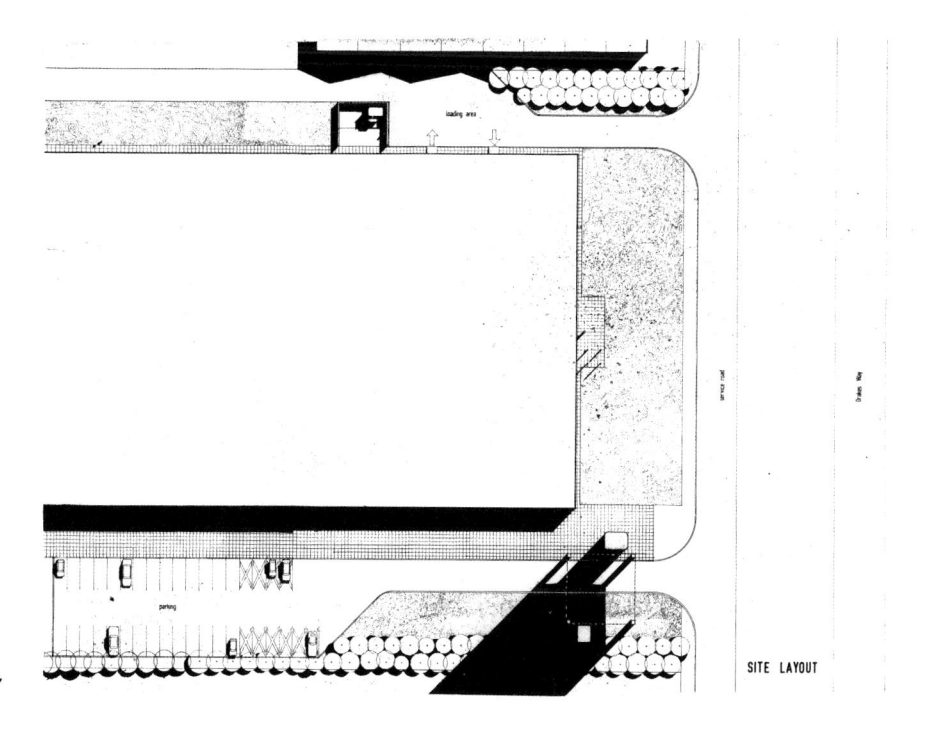

8 Fassade zur Zulieferungsstraße.
9 Grundriß Erdgeschoß.
10 Ansicht des Arbeitsraumes.

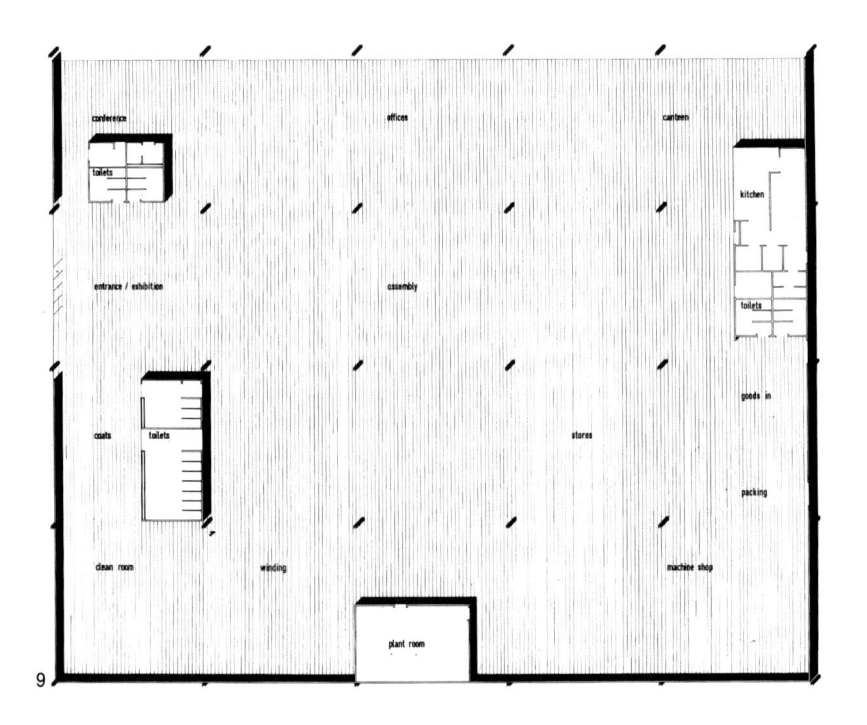

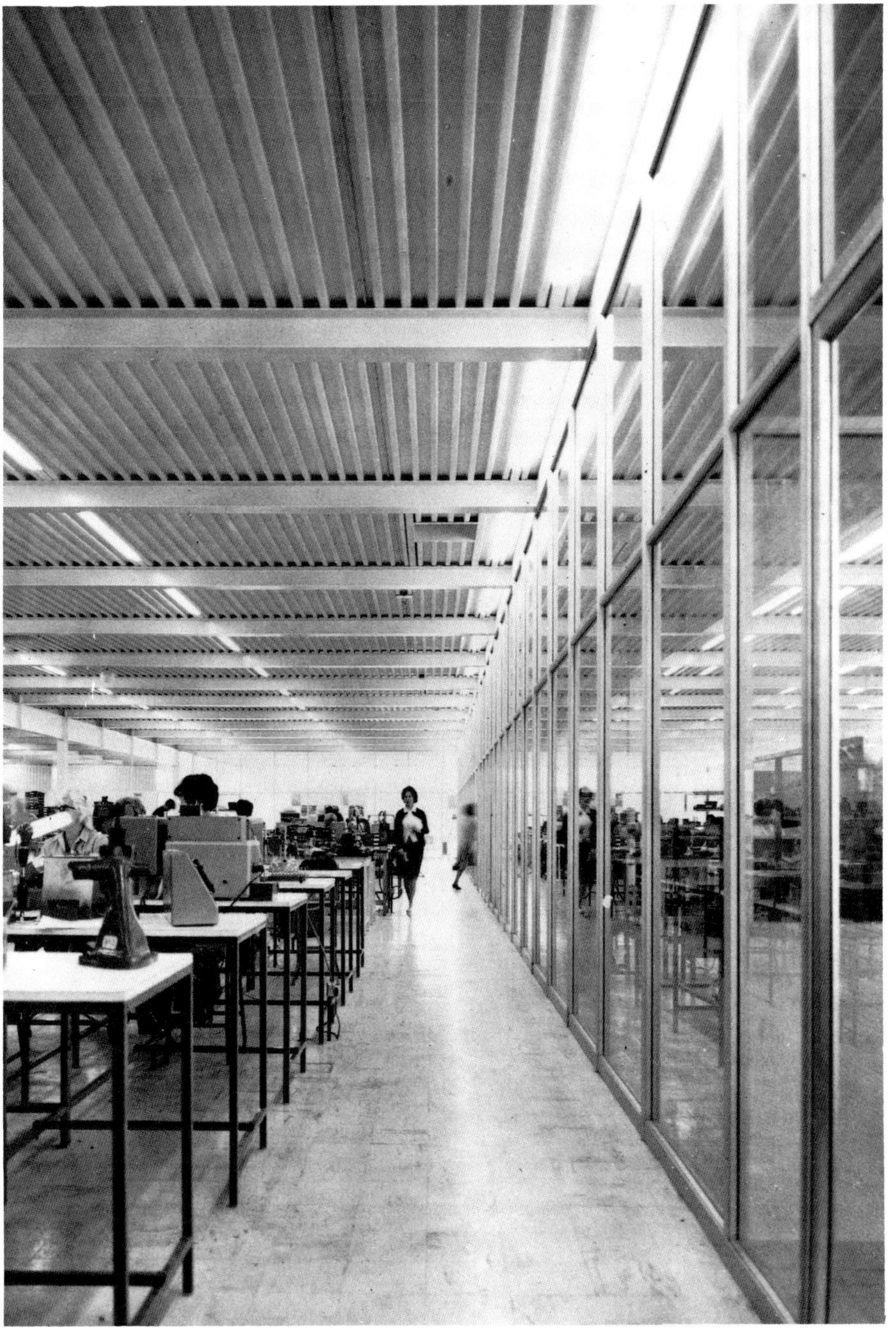

10

11 Detail der äußeren Verkleidung.
12 Ecklösung.

1967 Verdichteter Wohnungsbau, Radlett (Hertfordshire). Projekt.
Foster Associates: N. Foster, W. Foster in Zusammenarbeit mit A. Stanton.

Das im «Skybreak House» experimentierte Wohnmodell, seine Gliederung nach den Schemata des Projektes in Culsdon ist hier in einer Variante von Reihenhäusern übernommen. Ihre jeweiligen Möglichkeiten zur Erweiterung bestehen darin, die kürzeren Glasfronten zu verschieben.
Die Mauerstruktur aus Leichtbeton und der sehr enge Durchgang geben einer Wohnung Raum, die sich in der Länge entwickelt, mit möglichen Höhenunterschieden. Sie ist im Innern durch Oberlichter oder durch eingefügte kleine Innenhöfe beleuchtet, falls die Wohnung beachtliche Längen erreicht. Alle Konstruktionsbestandteile sind vorfabriziert und industrialisiert.

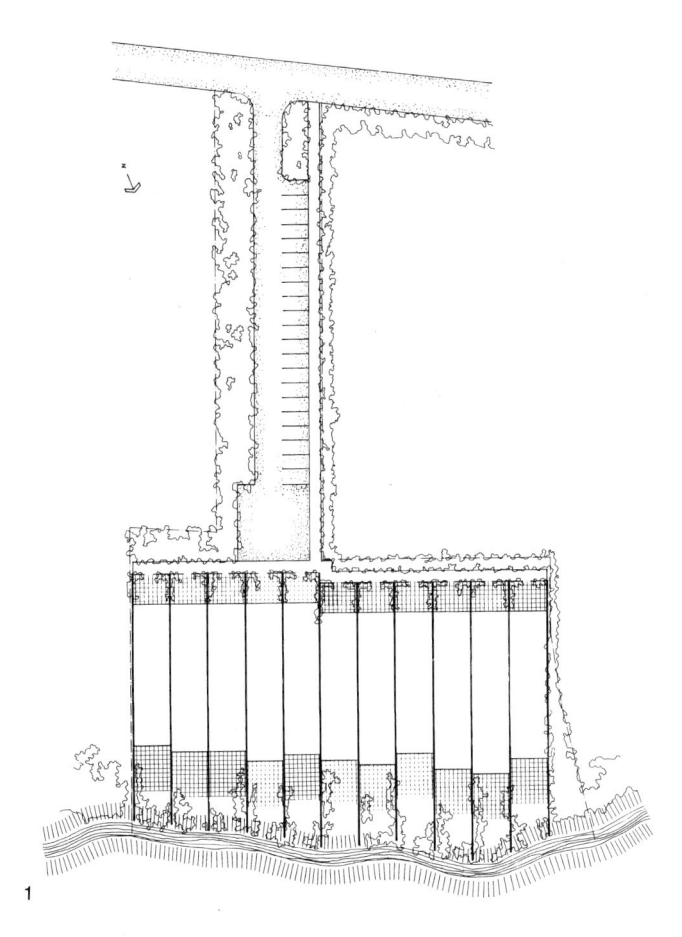

1 Lageplan.

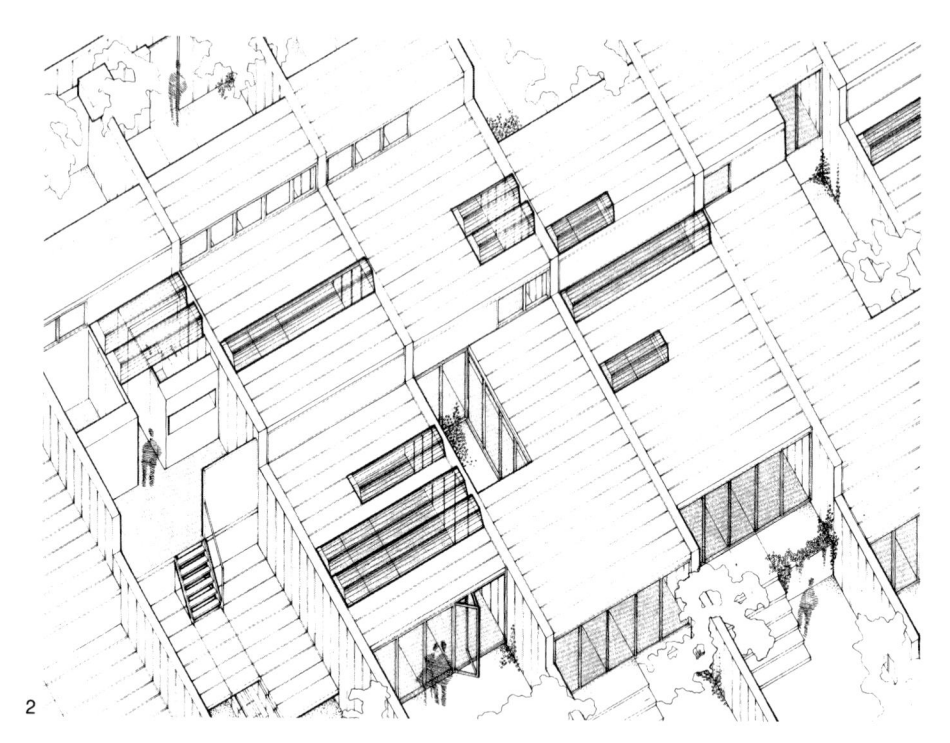

2 Axonometrie.
3 Axonometrisches Detail der Bauelemente.
4 Axonometrischer Schnitt eines Haustyps.

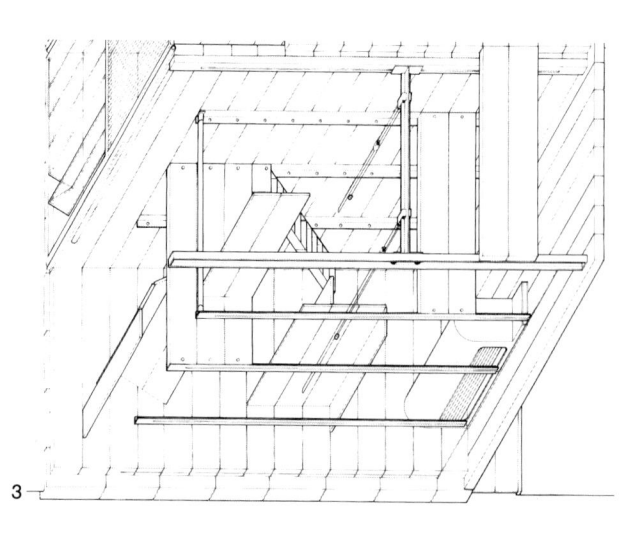

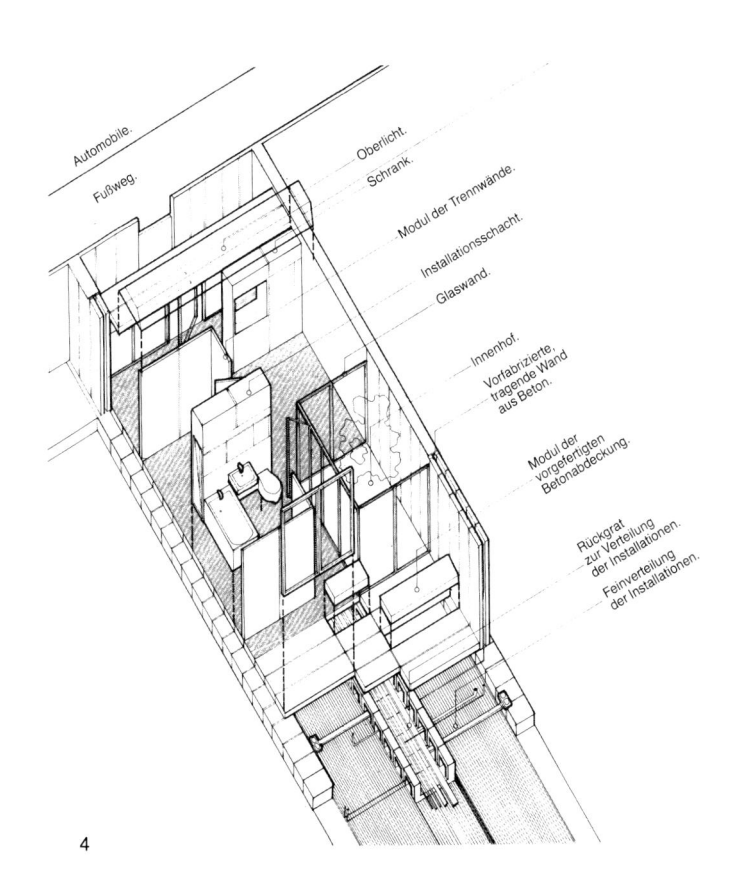

Automobile.
Fußweg.
Oberlicht.
Schrank.
Modul der Trennwände.
Installationsschacht.
Glaswand.
Innenhof.
Vorfabrizierte, tragende Wand aus Beton.
Modul der vorgefertigten Betonabdeckung.
Rückgrat zur Verteilung der Installationen.
Feinverteilung der Installationen.

4

1967 Schule, Newport (Wales). Wettbewerbsprojekt.
Foster Associates: N. Foster, W. Foster, M. Kuch, A. Stanton.

Der Ursprung der neuartigen Anforderungen für das Ausschreibungsprogramm eines Schulungsgebäudes mit mehreren Funktionen in der walisischen Stadt Newport liegt in der unruhigen Gesellschaft der sechziger Jahre. Der Wille, das Gebäude in seinem sozialen Kontext zu interpretieren und der Wunsch, die Schulungsräume den didaktischen Methoden, die in voller Entwicklung stehen und entschieden innovativ sind, anzupassen, bringen Norman Foster dazu, das Konzept des *umbrella building* zu definieren. Dieser Bautyp entspricht den Erfordernissen der zeitgenössischen Gesellschaft besser.

Das amerikanische Konstruktionssystem SCSD (School Construction System Development), das Ezra Ehrenkrantz genau umriß, inspirierte Foster zu seinem originellen Vorschlag für diesen Schulungskomplex. Aber das Projekt ist auch eine evidente und natürliche Weiterentwicklung der «Reliance Controls». Auch in diesem Fall handelt es sich um ein eingeschossiges Gebäude. Das Dach stellt das wichtigste Element dar, sei es vom architektonischen Gesichtspunkt aus wie von der räumlichen Steuerung her. Ein ganzes Paket von Funktionen (vom unmittelbaren Schutz gegen die Witterungseinflüsse

1 Perspektivischer Schnitt.
2 Mögliche Gliederung von Unterrichtsräumen.

45

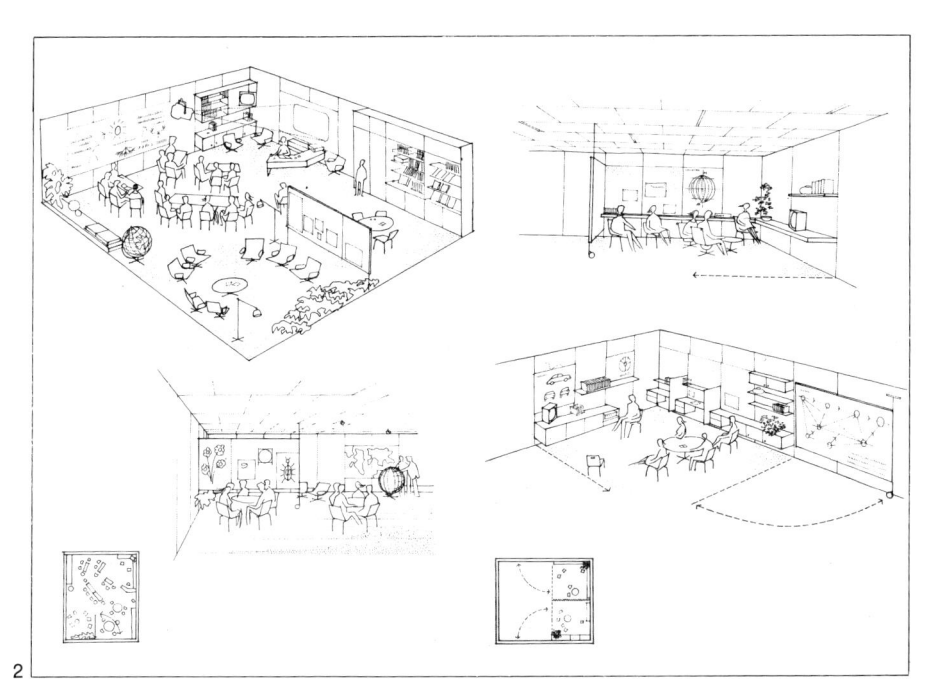

zur Installation der Klimaanlage und der elektrischen Leitungen usw.) wird im strukturellen System integriert. Dieser besondere Lösungstyp beinhaltet die größtmögliche Nutzungsflexibilität des Gebäudes. Es können auch außerschulische Aktivitäten untergebracht werden, indem die Ausstattung in kurzer Zeit verändert wird. Die beachtliche Tiefe des Baukörpers führt zur natürlichen Beleuchtung durch Oberlichter der weiter nach innen gelegenen Räume.
Das für den Gebrauch von industrialisierten – auf dem aktuellen Produktionsmarkt leicht zu findenden – Bestandteilen ausgearbeitete Projekt eignet sich für eine sofortige Installation.

3 Schnitte.
4 Perspektivischer Schnitt.
5 Ansicht.

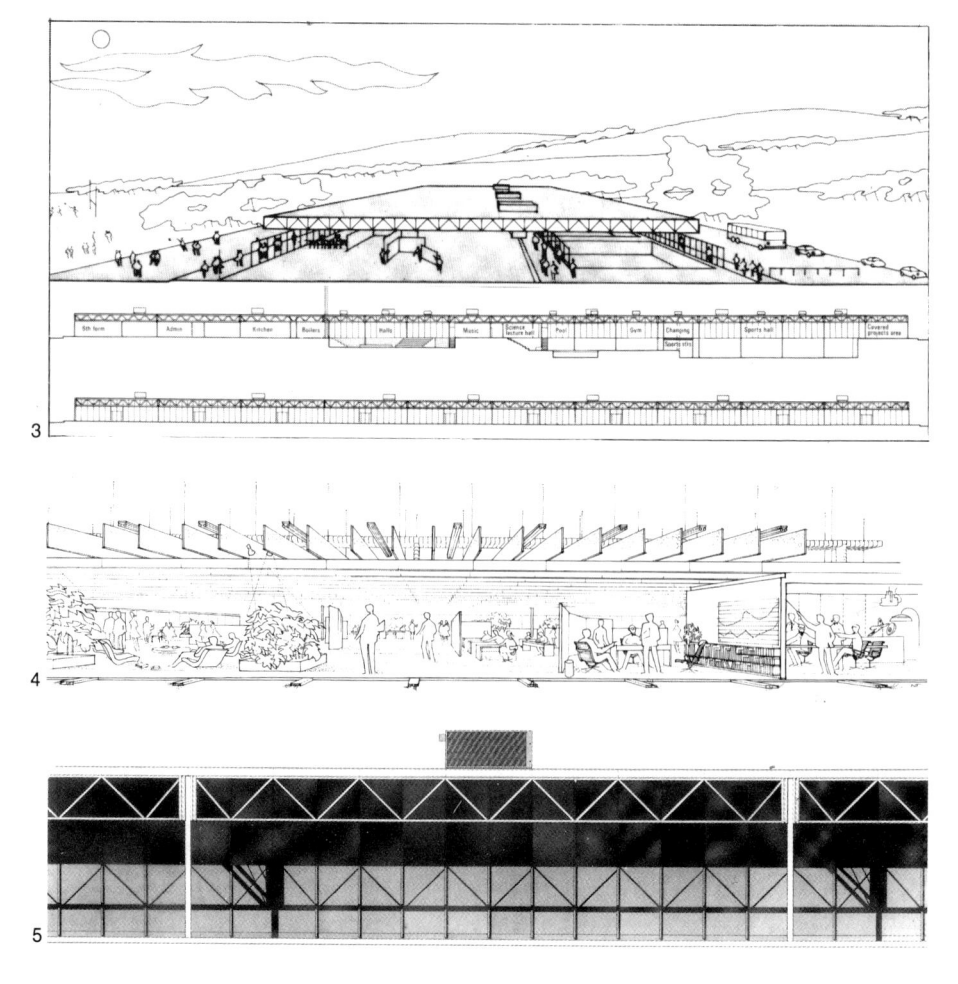

1969 Verwaltungs- und Freizeitzentrum für die Schiffahrtslinie Fred Olsen, London (Millwall Docks).

Foster Associates: N. Foster, W. Foster, M. Francis, B. Copeland, T. Nyhuus, A. Stanton.

Das Gebäude steht im Zusammenhang mit einer Reorganisationsplanung für die Einrichtungen der norwegischen Schiffahrtsgesellschaft «Fred Olsen Line». Es eröffnet eine Zeitspanne interessanter Zusammenarbeit zwischen Foster und dem skandinavischen Auftraggeber. Das Stahlskelett ist zwischen zwei existierende Baukörper eingefügt und entwickelt sich auf zwei Ebenen: Die tiefere beherbergt die Freizeit-Einrichtungen für die Angestellten, während die höhere als Direktionszentrum und zur Verkehrsüberwachung dient. Auf den freien Fassaden, die ganz aus reflektierendem Glas bestehen, entwickelt Foster einige Aspekte seiner minimalistischen Poetik, vor allem in der Wahl von sehr schlanken Stahlprofilen mit raffiniertem architektonischen Ausdruck.

Die das Werk des englischen Architekten bestimmenden allgemeinen Konzepte finden hier eine wichtige Möglichkeit zum Experimentieren und Überprüfen. Der mit seiner systematischen Auffassung zusammenhängende Prozeß Programm / Projekt / Ausführung ging in kaum zwölf Monaten über die Bühne. Dem Vorgang wohnte auch eine nützliche Konfrontation und Beteiligung der Benützer inne. Diese letztere ist, wie Foster selbst sagt, «vom sozialen Gesichtspunkt aus wichtiger als vom technischen oder theoretischen. Der Demokratisierungsprozeß der Arbeit war nur möglich, indem man im engen Kontakt mit allen interessierten Beteiligten arbeitete: Gewerkschaften, Nebenverwaltung in Großbritannien und Generaldirektion in Norwegen.»

1 Perspektiver Schnitt.

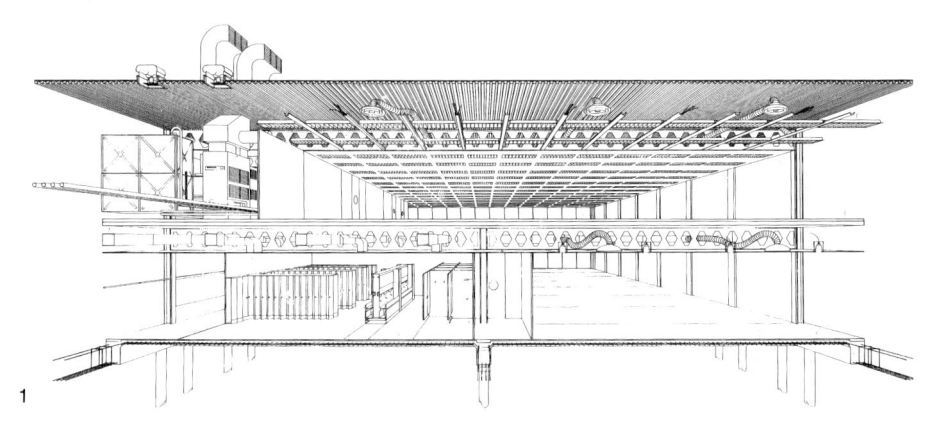

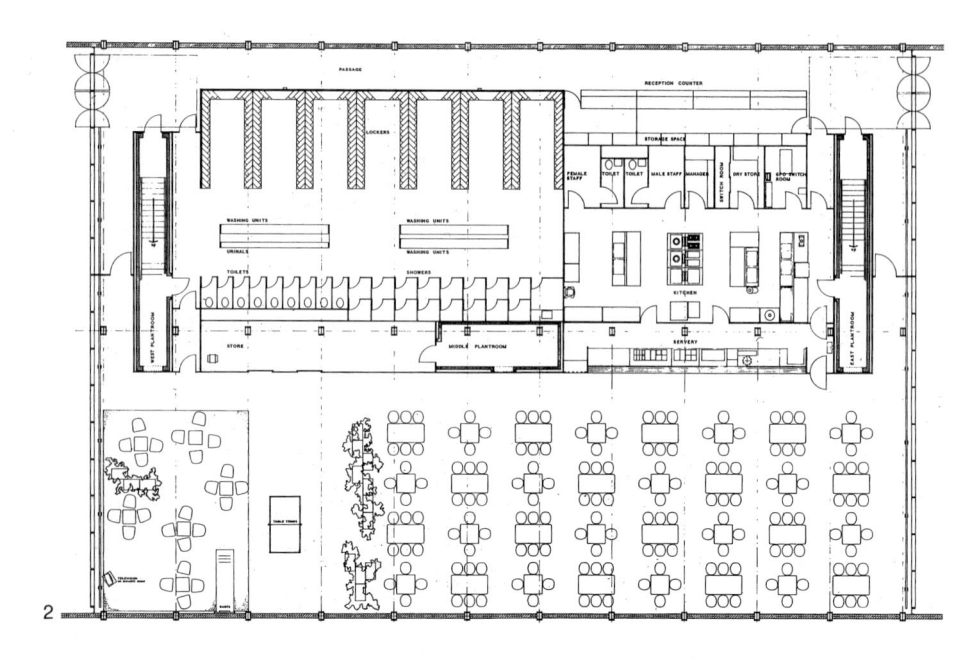

2/3 Grundrisse Erdgeschoß und erstes Obergeschoß.
4 Glasfassade zum Quai.

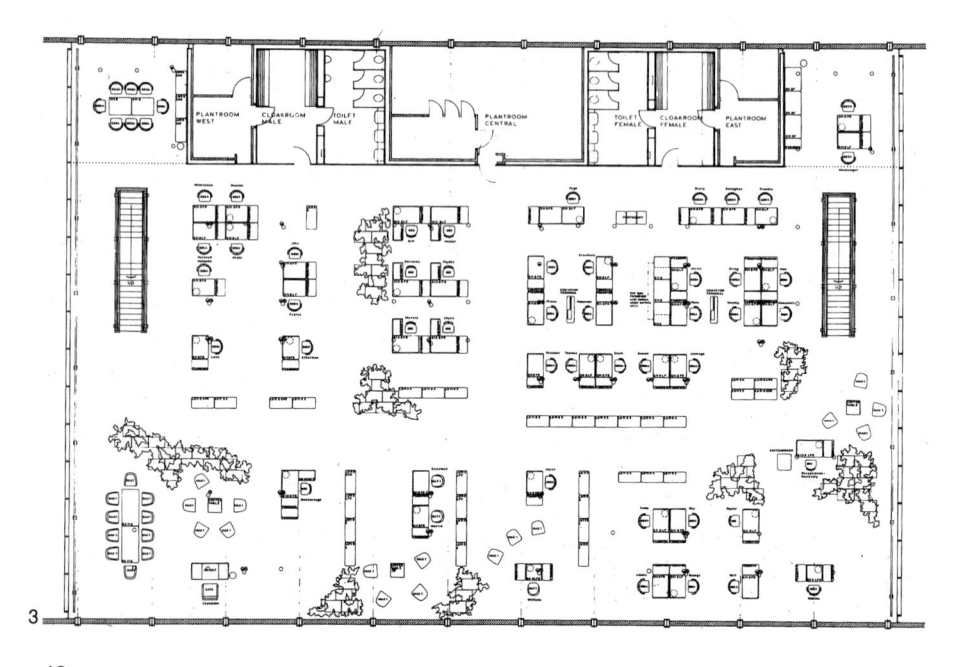

4

5 Ansicht von innen zum Quai.
6 Reflektierende Wand.

1969 Passagierterminal der Fred Olsen Line, London (Millwall Docks).
Foster Associates: N. Foster, W. Foster, M. Francis, B. Copeland, T. Nyhuus, A. Stanton.

Gleich wie das Freizeitzentrum versteht sich der Passagierterminal der «Fred Olsen» als Teil des gesamten Erneuerungsprogramms der Hafenanlagen an den Docks von London. Eines der Ziele dieses Planes besteht in der Trennung des Warenverkehrs von dem der Passagiere. Diesem Zweck dient der originelle Tunnel, der sich über der Erde erhebt. Er führt die Reisenden direkt auf das Schiff, gleichzeitig erlaubt er das freie Ein- und Ausladen von Waren auf der unteren Ebene. Einige der interessantesten Aspekte der Architektur von Foster sind in der einfachen Funktionalität der Anlage des Seebahnhofs enthalten. In größter Synthese sind hier all die räumlichen Qualitäten der Systeme Struktur / Haut / Installation ausgedrückt, die Banham als «serviced sheds» definiert. Der Aufbau aus profiliertem Wellblech gibt der Hülle Form. Er wird im Inneren gewissenhaft wiederholt und mit der Stahlstruktur in Übereinstimmung gebracht. Der einzige Installationskanal verläuft zuoberst in der Wölbung, um die Richtung des Raumes zu unterstreichen.

1 Bedachung.

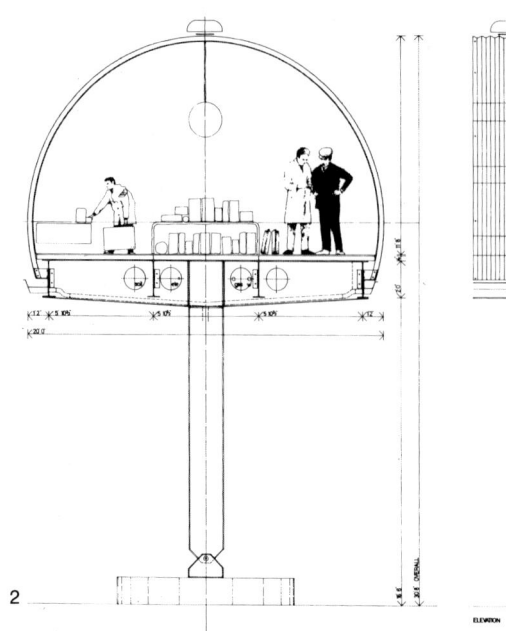

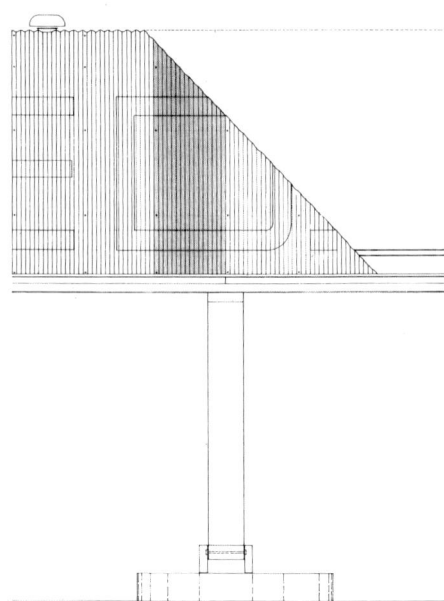

2 Schnitt und Detailansicht des Passagierterminals.
3 Axonometrie.
4 Ecklösung.
5 Innenansicht.

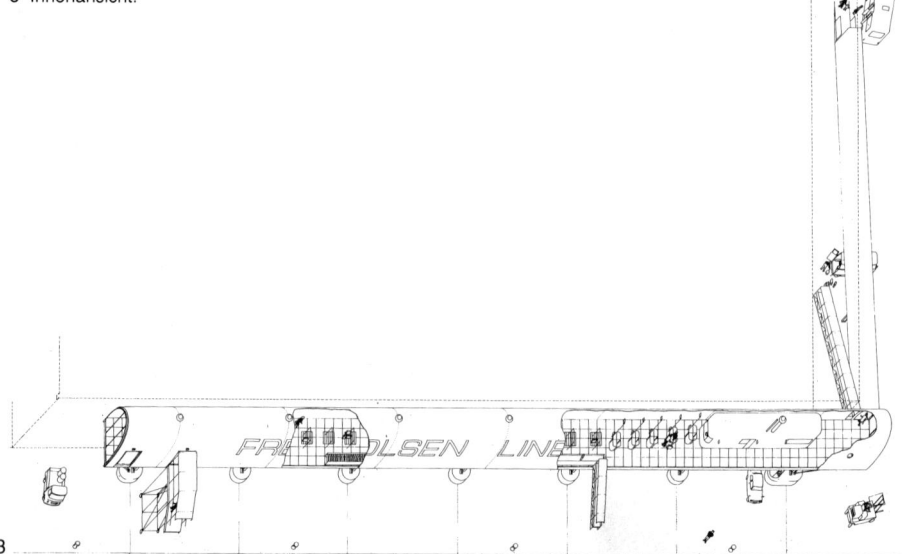

4

5

1969 Temporäre pneumatische Raumhülle für die Computer Technology, Hemel Hempstead (Hertfordshire).
Foster Associates.

Nicht so sehr die pneumatische Struktur an sich, sondern die überraschende und unübliche Funktion, welche ihr von Foster Associates zugewiesen wurde, macht aus diesem zeitlich beschränkten Firmensitz für die Computer Technology ein Beispiel, das über die einfache Anmerkung aus Neugier hinausgeht. Von ihm, wie auch von einigen anderen Erfahrungen dieser Periode, spricht Norman Foster als von etwas von der «Architektur für Architekten» Verschiedenem. Zusammenfassend drückt er so jene größte Aufmerksamkeit aus, die sein Büro zu dieser Zeit der Vertiefung und Beherrschung all jener Aspekte des Bauprozesses widmet, welche als am Rand der architektonischen Disziplin stehend betrachtet werden: Von der Überwachung der Kosten und Zeiten zur Reorganisation der Baustelle usw.

Es ist dennoch möglich, diesem Werk eine ästhetische Qualität abzugewinnen, welche die reinen Betrachtungen funktionaler, ökonomischer oder verwaltungstechnischer Art überschreitet. Eine Qualität, die dann verständlich wird, wenn man das Werk selbst als einem bestimmten kulturellen Moment zugehörig betrachtet. Es wird durch die architektonischen und künstlerischen Erfahrungen der Avantgarde – unter anderem Pop,

1 Ansicht bei Nacht.
2 Schnitt.
3 Die pneumatische Hülle während der Montage.

Minimal, Conceptual, New-dada – mitgeprägt. Denkt man an die aufblasbaren Konstruktionen von Haus-Rucker-Co, von Archigram, an «The Environment Bubble» von Reyner Banham oder an die «performances» von Graham Stevens, ergibt sich spontan der Vergleich mit diesem aus dem Rahmen fallenden Bauwerk. In der kurzen Zeit von 55 Minuten errichtet, beherbergte die pneumatische Hülle aus PVC 800 m^2 Bürofläche für ungefähr ein Jahr während der Erweiterung des nahegelegenen Sitzes.

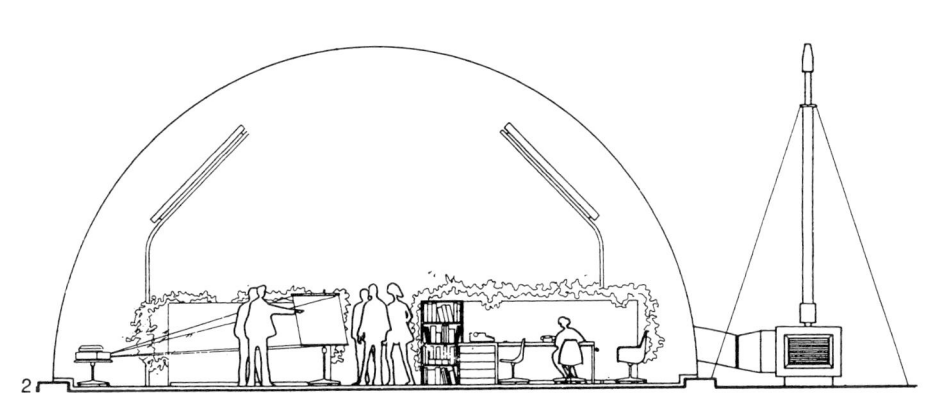

1970 Forschungs- und Entwicklungszentrum für die Computer Technology, Hemel Hempstead.
Foster Associates.

Die optimale Nutzungsflexibilität ist eines der Hauptmerkmale dieses eingeschossigen Gebäudes. Sie wird erreicht durch die Integration von Stahlstruktur und technischen Installationen, welche im Hohlraum zwischen der Decke und dem erhöhten Fußboden liegen. Die äußere Verkleidung besteht aus Paneelen von dunklem Glas, welche die Sockelzone des Baukörpers bezeichnen, und aus Sandwich-Paneelen aus Aluminium, die leicht zu demontieren und auf beiden Seiten fein bearbeitet sind. Die Verbindungen zwischen den Paneelen bestehen aus Neopren. Das innert kurzer Zeit und mit niedrigen Baukosten errichtete Forschungszentrum ist die letzte von fünf Phasen eines Programmes, das in nur vier Jahren die zur Verfügung stehenden Räume der «Computer Technology» auf 4000 m^2 erweitert hat. Die pneumatische Raumhülle bildete die dritte Phase dieses Programmes.

1 Außenansicht.
2 Ansicht – Schnitt.
3 Detail des perspektivischen Schnittes.
4 Grundriß Erdgeschoß.

2

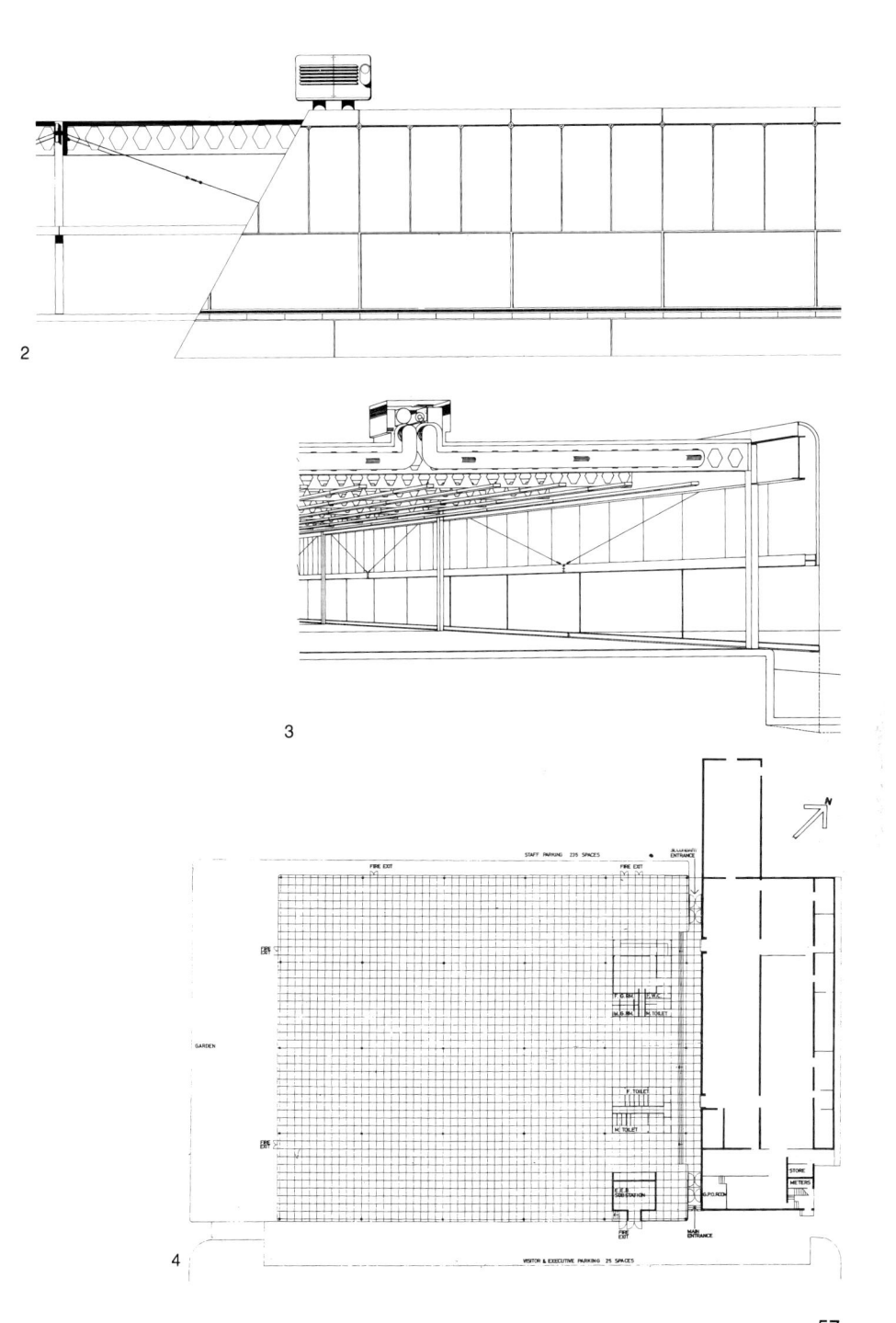

3

4

1971 Samuel-Beckett-Theater, Oxford (Oxfordshire). Projekt.
Foster Associates in Zusammenarbeit mit R. B. Fuller.

Dies ist das erste von einigen Projekten, die Foster zusammen mit Richard Buckminster Fuller ausarbeitete. Das Programm verlangte ein Theater, das auf die spezifischen Bedürfnisse der Aufführung von Becketts Arbeiten zugeschnitten war. Der Platzmangel führte zur Wahl einer unterirdischen Konstruktion im Innern eines Collegehofes. Die Form ist durch die Schub- und Druckkräfte des Grundstückes bestimmt. Ein Raumgefüge von beachtlicher Anpassungsfähigkeit, das verschiedene szenische Aufführungen beherbergen kann, sowie als Gefäß für Ausstellungen oder zu didaktischen Einrichtungen verwendbar ist.

1 Axonometrischer Schnitt.

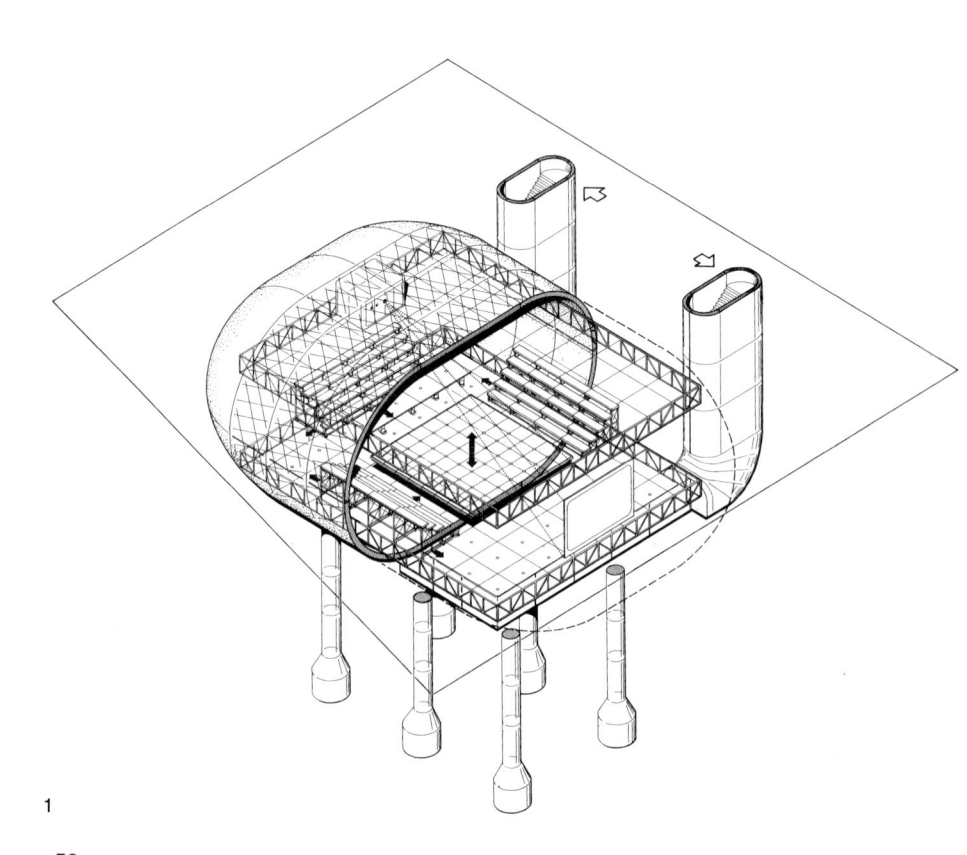

1

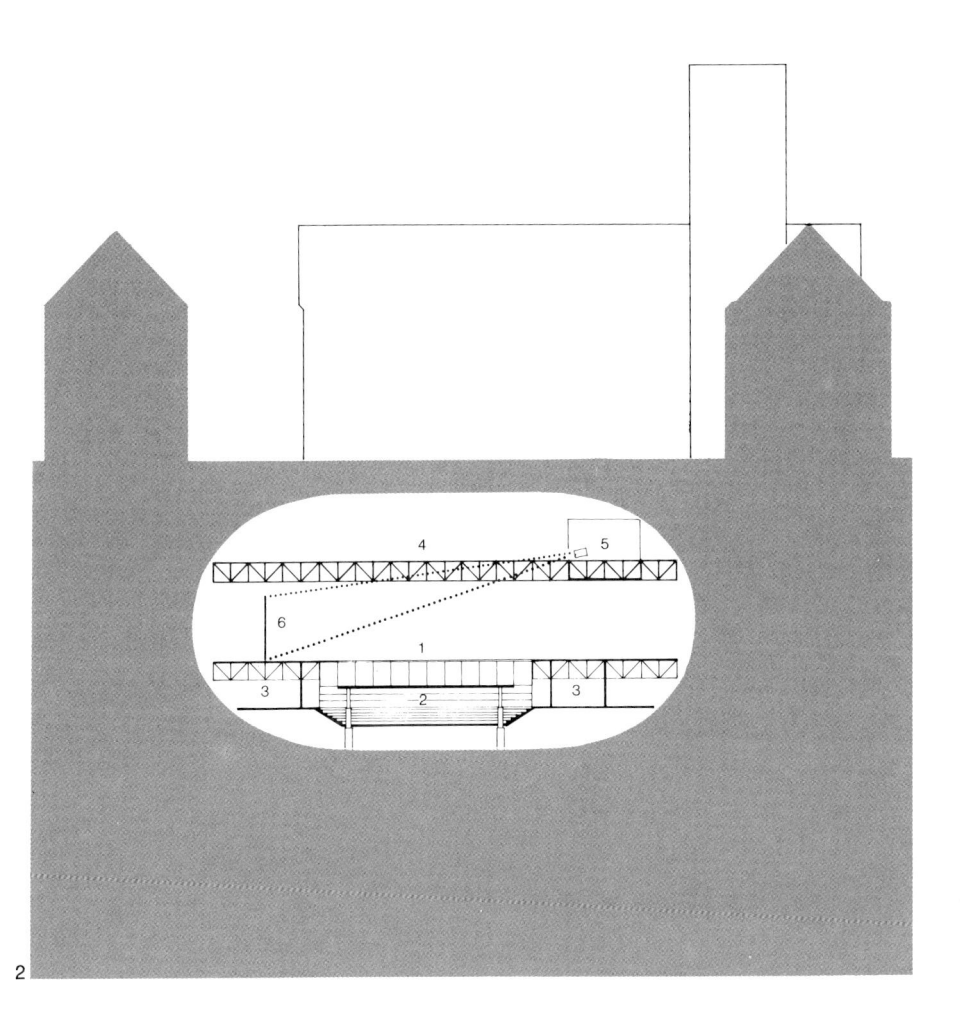

2 Schnitt.
1 Bewegliche Decke auf Teleskoparmen.
2 Feste Sitzstufen.
3 Nebenräume und Erschließung.
4 Ausgestattete Decke.
5 Projektionskabine.
6 Bildschirm.

1971 Climatroffice. Projekt.
Foster Associates in Zusammenarbeit mit R. B. Fuller.

Das Projekt erkundet die konstruktiven Möglichkeiten, mit einer Reihe von freischwebenden Ebenen im Innern einer geodätischen Kuppel einen städtischen Raum einzurichten. Die Form des Behälters stellt den optimalen Bezug zwischen dem umschlossenen Raum und seiner Oberfläche dar. Hievon leitet sich die Möglichkeit ab, Mikroklimata zu schaffen. Sie sind günstig für die Entfaltung von Produktionstätigkeiten im Freien, wegen des tiefen Koeffizienten, der sich aus dem Verhältnis der äußeren, Wärme abgebenden zur gesamten Oberfläche ergibt.
Inspiriert durch die Vorschläge von Fuller – der berühmteste die Überdachung eines Teiles von Manhattan betreffend – und auf einige Zeichnungen von Archigam sich beziehend (z. B. «Control and Choice Project»), ist «Climatroffice» der direkte, unmittelbare Vorgänger der «Willis Faber & Dumas».

1 Schnitt.
2 Innenraumperspektive.

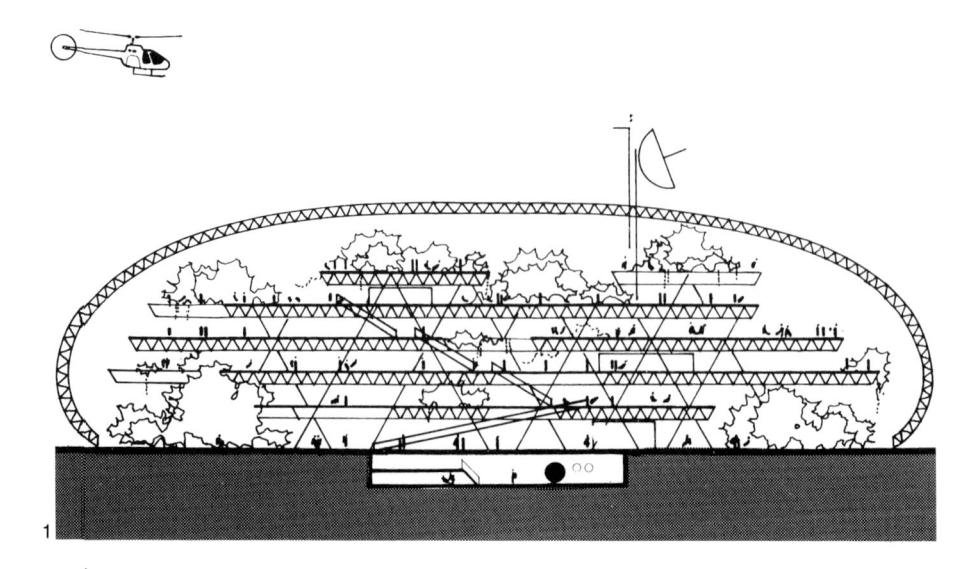

2

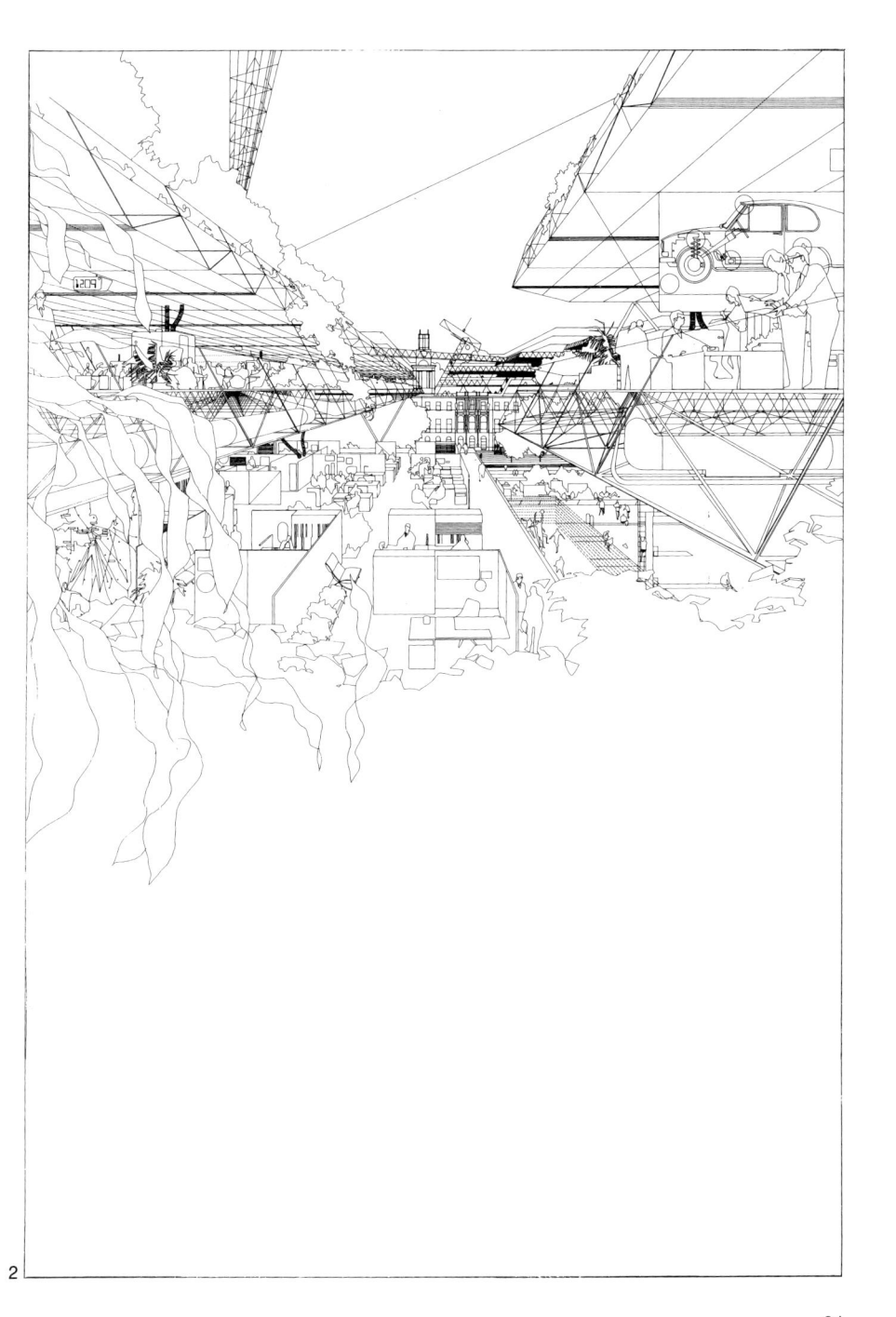

1971 IBM-Sitz, Cosham (Hampshire).
Foster Associates: N. Foster, W. Foster, M. Hopkins, L. Butt, F. Peacock,
T. Nyhuus, M. Sutcliffe, S. Wilkinson, B. Copeland, N. Partridge, V. Fowler,
D. Harris, M. Shapiro, J. Willcocks.

Foster Associates haben hier eines der schönsten und interessantesten Werke ihrer Produktion realisiert, trotz der beträchtlichen ökonomischen und zeitlichen Beschränkungen, die durch ein recht strenges Programm für ein Gebäude von temporärem Charakter auferlegt waren. Sie fahren im gleichen Muster, das sie im Olsen-Zentrum experimentiert haben, fort und übernehmen einige der Themenbereiche, die sie bereits beim Projekt der Schule von Newport vorschlugen. Die Architekten entwerfen ein Baugefüge auf einem Geschoß (10 800 m^2). Es soll die Computerausrüstung und die Angestellten (750 Personen) des Hauptsitzes der IBM aufnehmen.
Die bewußte und kluge Wahl der vorgefertigten Bauteile unterstreicht die Außergewöhnlichkeit einiger architektonischer Erfindungen. Die äußeren Wände bestehen aus Paneelen von reflektierendem Glas, sie sind mit einem raffinierten System von Aluminiumrahmen und Dichtungen aus Neopren kombiniert und gestalten eine rätselhafte Schachtel. Diese ändert die eigenen Bezüge zur Umgebung im Wechsel der Wetter- und Lichtbedingungen. Man wohnt der surrealen Verdoppelung der Landschaft bei, was zugleich das Verschwinden des Gebäudes zur Folge hat – oder aber der Annulierung der gläsernen Trennwand; diese läßt dann die Zeichnung der dahinterstehenden Metallstruktur aus dünnen Stützen von quadratischem Schnitt und Balken des Typus «joist» durchscheinen.

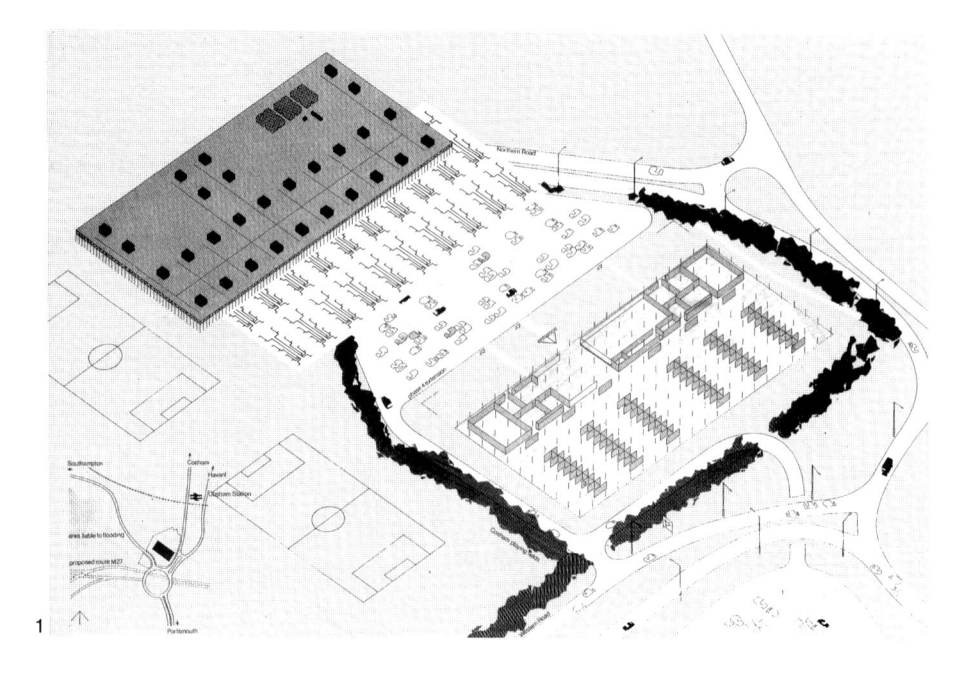

So nähert man sich einen weiteren Schritt an Ausdrucksmittel an, welche im Gebäude der «Willis Faber & Dumas» vollständig präsent sein werden. Ein modulares Raster und die gänzlich integrierten Installationen erlauben die größtmögliche Nutzungsflexibilität und die Vergrößerung des Bauwerkes, die allerdings im Lauf der Jahre in der Folge von zahlreichen Umstrukturierungen bereits ausführlich erprobt wurden.

1 Explosionsaxonometrie des Komplexes.
2 Grundriß Erdgeschoß.
  1 Eingang.
  2 Empfang.
  3 Restaurant.
  4 Küche.
  5 Bäder.
  6 Hilfsbereiche.
  7 Hauptzirkulation.
  8 Zwischenbereiche.
  9 Anlieferung.
  10 Maschinenraum.

Auf den folgenden Seiten:
3 Gebäude und Landschaft.

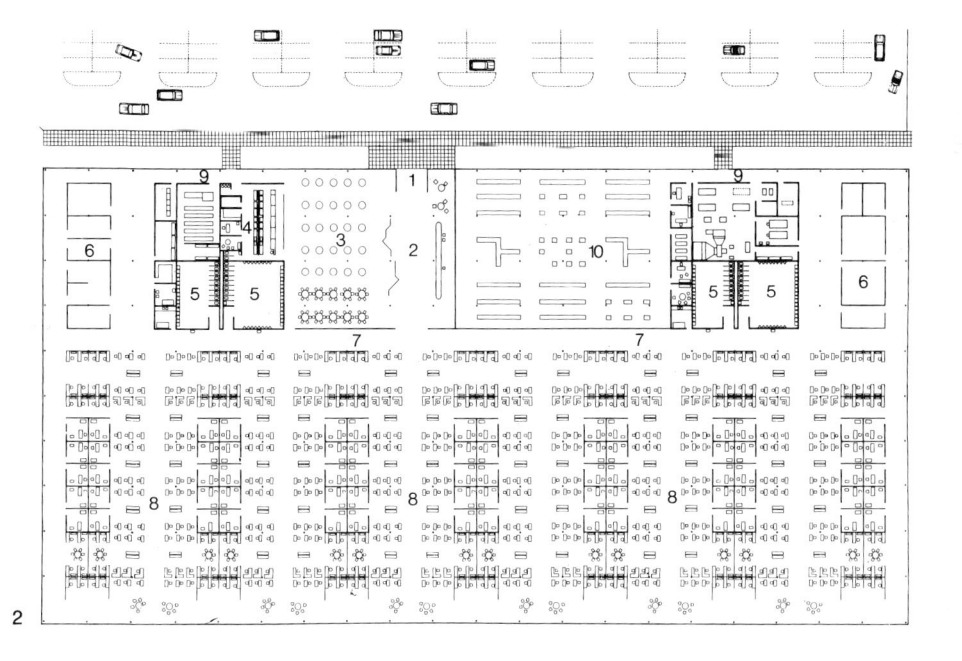

3

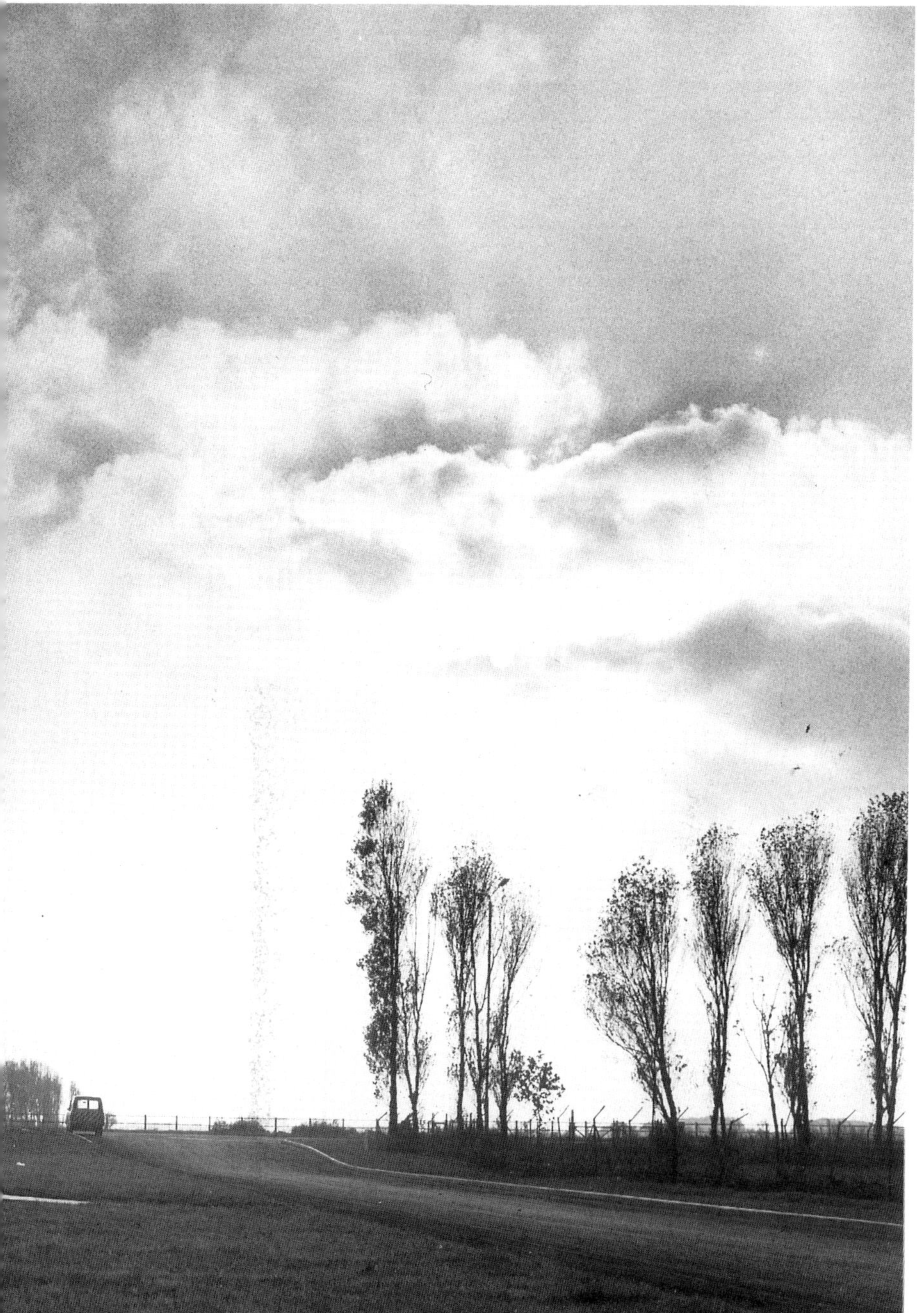

4 Gebäude während der Konstruktion.
5 Ecklösung.

1971 Pflege- und Eingliederungsstätte für behinderte Kinder, London (Hackney).
Foster Associates: N. Foster, W. Foster, M. Hopkins, B. Haward, F. Peacock, J. De Syllas, L. Butt, R. Bradley, C. Chhabra, D. Bailey.

Es handelt sich um einen Prototyp, der für die Spastics Society realisiert wurde. Das eingeschossige Gebäude ist aus vorgefertigten Bauteilen auf einem modularen Grundriß gebaut. Er entwickelt sich linear und ist in drei längsgerichtete Schichten geteilt. Jeder dieser drei Streifen entspricht einem andern Raumnutzungstyp der Schule. Der Hauptstreifen ist für die hygienischen Einrichtungen bestimmt. Sie sind teilweise verglast, um eine ständige Beobachtung der behinderten Kinder zu ermöglichen. Die technischen Installationen sind in der Decke untergebracht. Sie korrespondieren mit den Toiletten- und Waschräumen. Die Stahlstruktur ist mit profiliertem Wellblech verkleidet.

1 Grundriß Erdgeschoß.

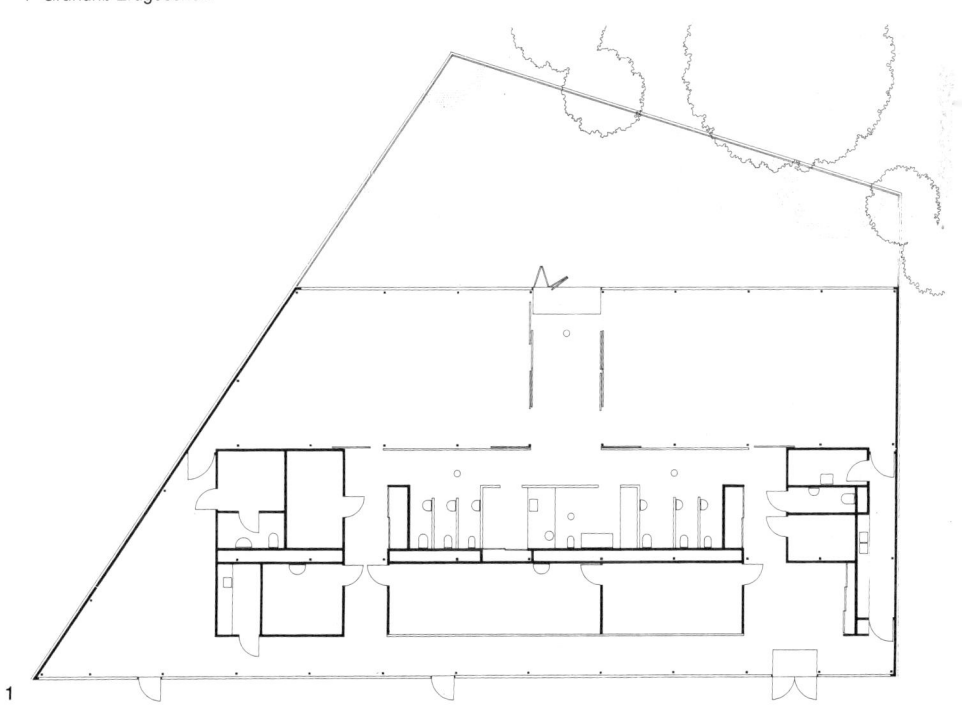

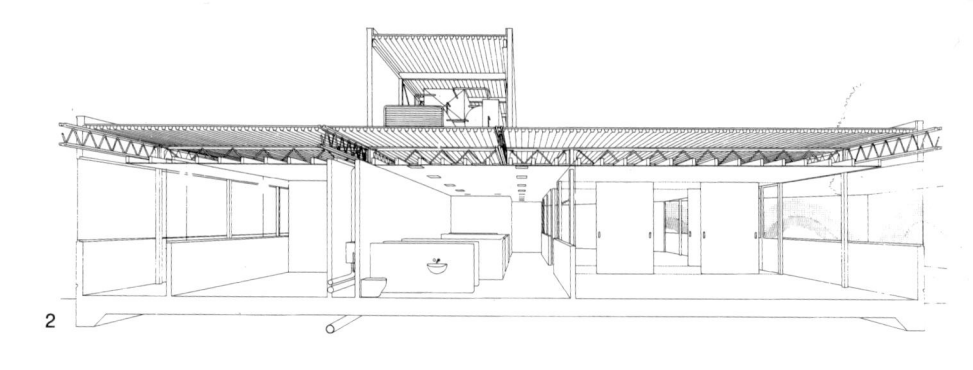

2 Der perspektivische Schnitt verdeutlicht die klare Unterteilung in drei funktionale Schichten.
3 Fassade zum Hof.

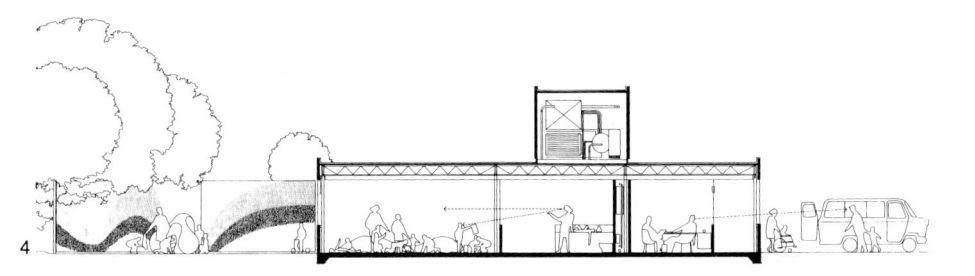

4 Querschnitt.
5 Ansicht von außen.

1971 Firmensitz Foster Associates, London (Fitzroy Street).

Foster Associates: N. Foster, W. Foster, M. Hopkins, B. Haward, T. Nyhuus, N. Partridge, M. Shapiro, G. Downes, A. Phillips, L. Butt, R. Bradley, C. Chhabra, D. Bailey.

Das Erdgeschoß des Gebäudes an der Fitzroy Street beherbergte für mehr als zehn Jahre den Sitz des Studios «Foster Associates». Sein räumlicher Ausdruck reflektiert genau den methodologischen Ansatz der Gruppe: das fortwährende Erproben und die Interdisziplinarität. Deshalb ist der Arbeitsort folgerichtig als modifizierbare Struktur aufgefaßt worden, offen für das Wechseln von Projekten und den dazugehörenden Arbeitsgruppen. Das derart erreichte Ambiente ist ein freier Raum, ohne Hindernisse (mit Ausnahmen der Stützen). Alle Nebenräume sind in einer Raumschicht entlang einer Seitenmauer aneinandergereiht.

Die verglaste Wand an der Straßenfront verwirklicht eine originelle technische und konstruktive Lösung. Sie wird in großem Ausmaß im Gebäude für die «Willis Faber & Dumas» in Ipswich verwendet werden. Die über die gesamte Höhe reichenden Scheiben sind im oberen und unteren Teil an den horizontalen Stützen von Decke und Fußboden befestigt. Auf den Seiten sind hingegen keine Verbindungs- und Aussteifungsrahmen angebracht, weil die Glasscheiben untereinander anlehnen und mit transparentem Silikon versiegelt wird. Die Strenge des Systems wird durch gläserne «Flügel», die senkrecht zu den Fugen stehen, unterstützt. Die Paneele aus dunklem und reflektierendem Glas bilden auf diese Weise eine fortlaufende störungsfreie Oberfläche.

1 Ansicht des Eingangs von der Straße.
2 Die verglaste Wand an der Straßenfront.

2

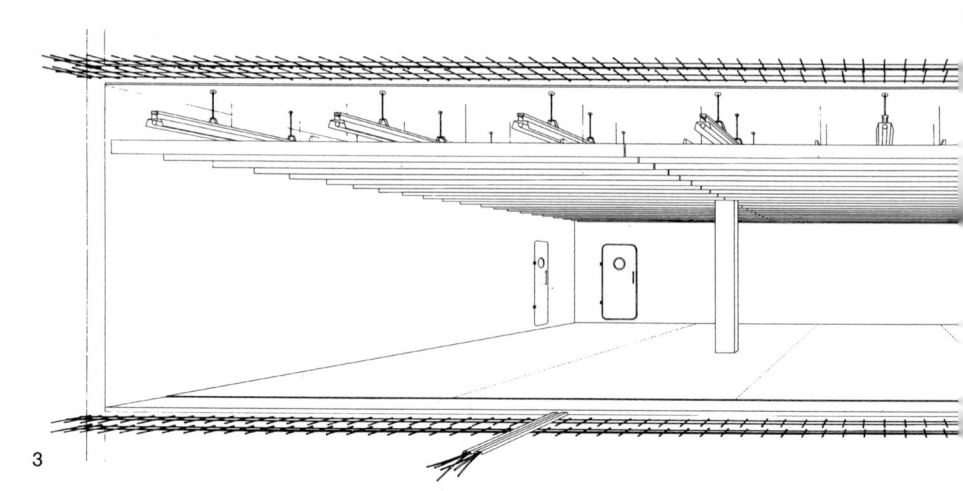

3 Perspektivischer Schnitt.
4 Ansicht Versammlungsbereich.
5 Möblierung.

5

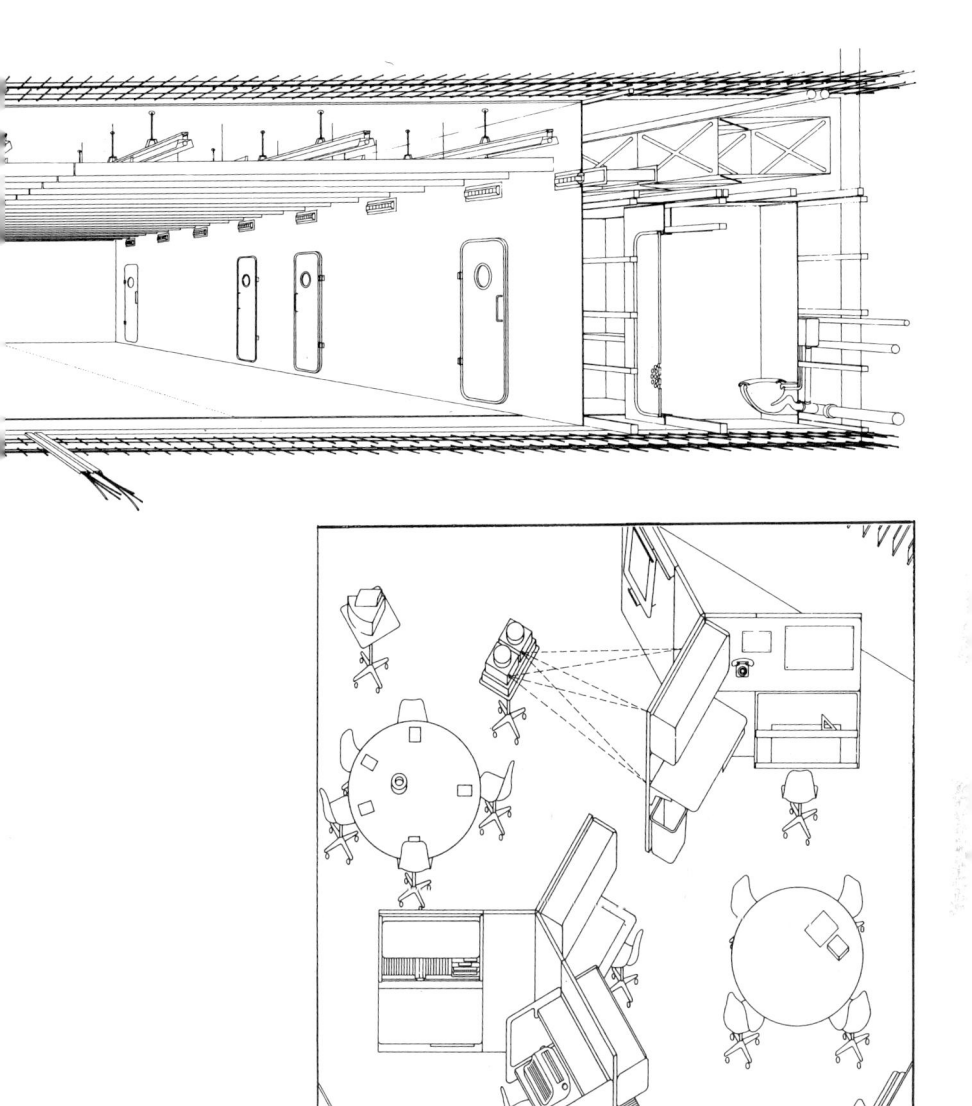

1972 Konstruktionssystem für industrialisierte Bauten. Projekt.
Foster Associates.

Das Projekt stellt das Moment der Systematisierung von Themen dar, die in vielen vorangehenden Entwürfen und Realisationen auftreten. Die Hauptpunkte dieser Studie sind deutlich vom kalifornischen Modell SCSD (School Construction System Development) von Ezra Ehrenkrantz inspiriert. Sie bilden die wesentliche Grundlage für den Entwurf des typologischen Konzeptes des «umbrella building». Eine Anwendung, die diesem System ziemlich nahe kommt, ist der IBM Sitz in Greenford.

1 Perspektivischer Schnitt von verschiedenen Raumsituationen.
2 Deckenuntersicht mit den Installationskanälen. Modell.

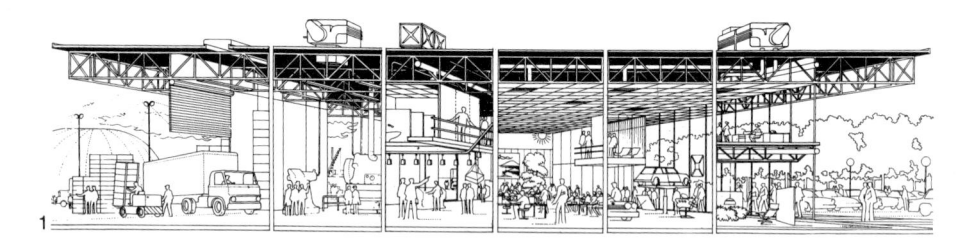

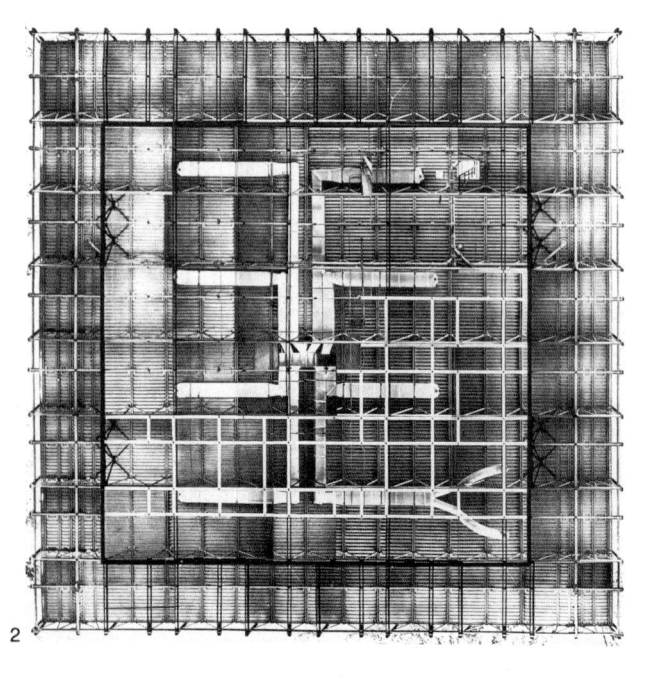

1973 Multifunktionale Halle mit Geschäfts- und Freizeitkomplex, Liverpool. Projekt.
Foster Associates.

Die räumliche Netzstruktur von großer Spannweite definiert eine polifunktionale Raumhülle an der Peripherie von Liverpool. Das «umbrella building» ist 275 m lang, 110 m breit und 15 m hoch. Es beherbergt Handels-, Kultur- und Freizeitaktivitäten. Diese Tätigkeiten äußern sich in einem Raumsystem, das auf zwei Ebenen entlang der Hauptseiten und auf einem Niveau im Zentrum organisiert ist. Dieser Bereich wird in seiner Kontinuität durch querliegende Raumschichten mit weiteren Ausstattungen unterbrochen.

1 Perspektive.
2 Grundriß erstes Obergeschoß.
  1 Sportliche Einrichtungen und Squashhallen.
  2 Bibliothek.
  3 Tonbänder- und Schallplattensammlung.
4 Bar.
5 Restaurant.
6 Kinosäle.
7 Bingosaal.
8 Schul- und Freizeiträume.
9 Verwaltungsbüros.
10 Ausstellungsgalerie.

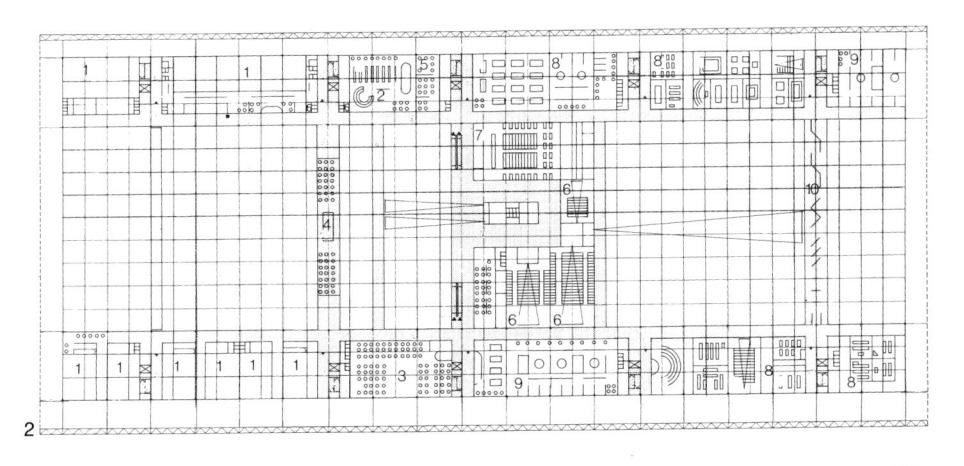

1973 Sport- und Geschäftszentrum Badhoeverdorp (Niederlande). Projekt. Foster Associates.

Der Entwurf reiht sich in die Linie der Forschungen ein, welche die zeitgleichen Projekte polifunktionaler Anlagen in Liverpool, Southampton und Knowsley begleitet haben. Eine Serie von Handels- und Freizeiteinrichtungen sind im üblichen Typus des «umbrella building» untergebracht.

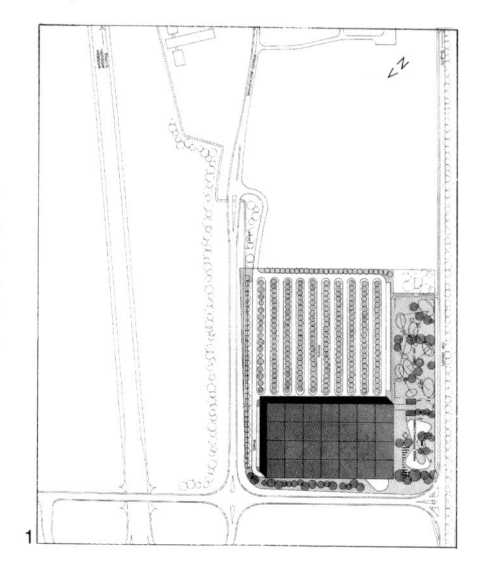

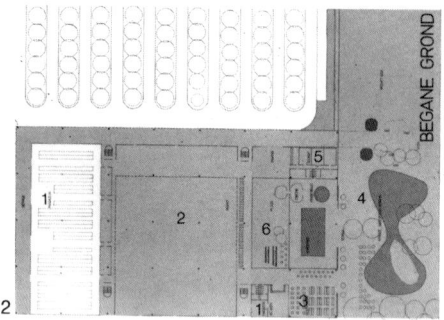

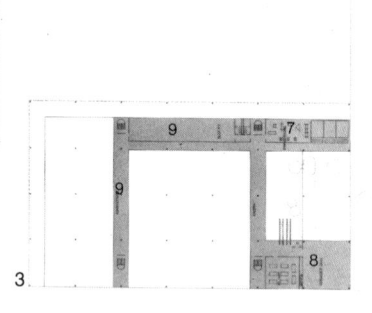

1 Lageplan.
2/3 Grundriß Erdgeschoß und erstes Obergeschoß.
1 Magazine.
2 Verkaufsfläche.
3 Restaurant.
4 Kinderspielplatz.
5 Squashhallen.
6 Überdeckte Piazza.
7 Turnhalle.
8 Versammlungsräume.
9 Verwaltungsbüros.
4 Innenraumperspektive.

1973 Preßwerk der SAPA, Tibshelf (Derbyshire).
Foster Associates: N. Foster, W. Foster, M. Hopkins, L. Butt, R. Bradley, C. Chhabra, D. Bailey, T. Nyhuus, N. Partridge, D. Goddard, M. Aiken.

Die Preßsysteme des Aluminiumwerkes haben die Ausstattung des Gebäudes und seine strukturelle Anlage bestimmt. Die Fachwerkträger bedecken eine lichte Weite von 21 m, während das Gebäude 100 m lang ist. Die äußere Verkleidung aus Stahlpaneelen ist weiß lackiert. Die Wände heben die perfekte Stereometrie der Konstruktion hervor. Sie ist in ihrer Abstraktheit mit einer minimalistischen Skulptur, einer «primary structure» vergleichbar. Die Planung von sukzessiven Erweiterungen hat die Verwendung von modularen, leicht ausführbaren Konstruktionssystemen bewirkt. Sämtliche Bestandteile sind sichtbar gelassen und durch lebhafte Farben hervorgehoben: Die Metallstruktur ist blau gehalten, die Trennwände sind apfelgrün, der Laufkran dunkelorange und der Fußboden azurblau gefärbt. Der Innenraum ist nur künstlich beleuchtet. Eine erste Erweiterung wird 1977 nach einem Projekt von Foster Associates ausgeführt. Ihr wird 1980 ein Büroblock angefügt, der von einem anderen Architekturstudio entworfen wurde.

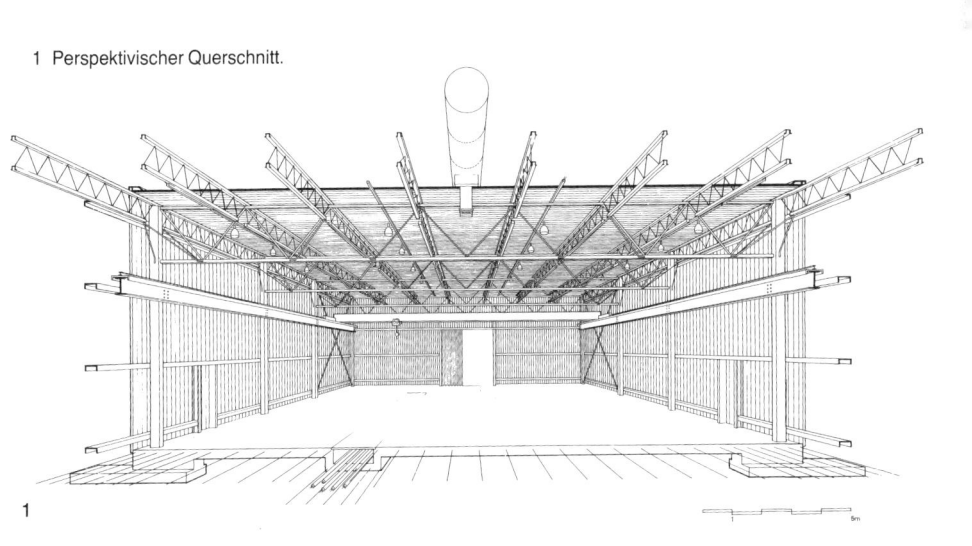

1 Perspektivischer Querschnitt.

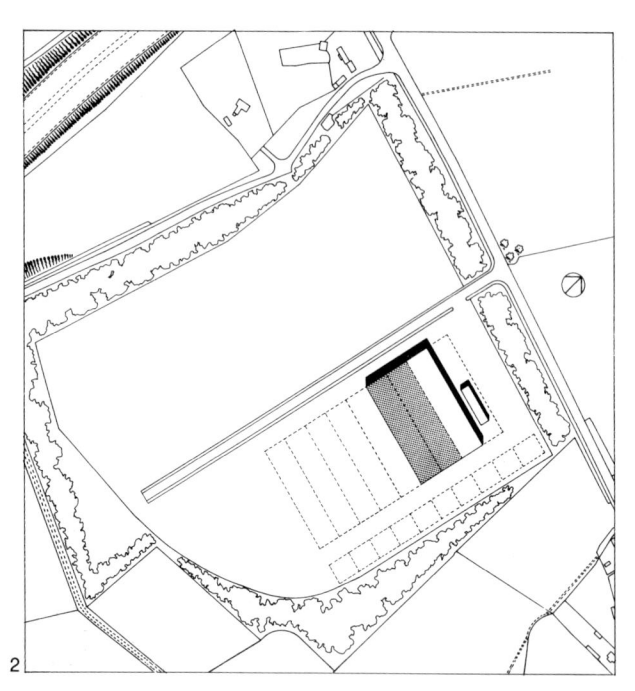

2 Aktueller Lageplan mit Angabe von möglichen Erweiterungen.
3 Grundriß Erdgeschoß.
4 Baukörper in der Landschaft.

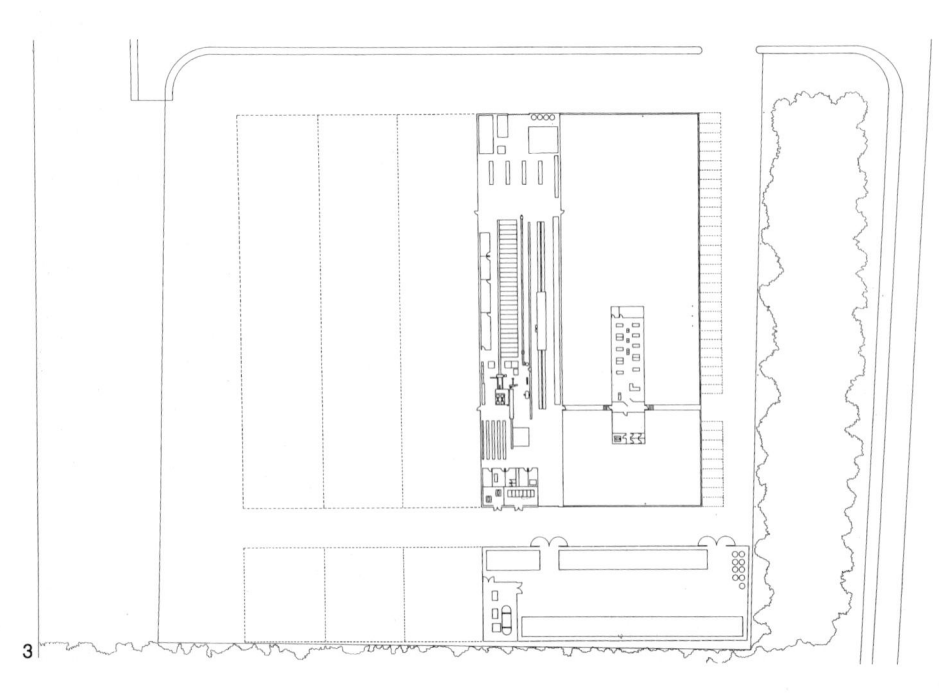

4

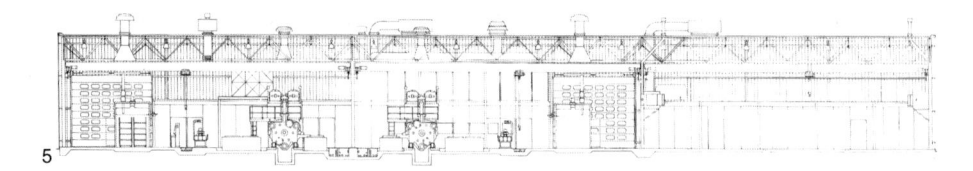

5 Längsschnitt.
6 Ansicht der Preßanlage.

1973 Büro- und Lagergebäude für Modern Art Glass, Thamesmead (Kent).

Foster Associates: N. Foster, W. Foster, M. Hopkins, L. Butt, R. Bradley, C. Chhabra, D. Bailey, M. Sutcliffe, P. Gibson.

Sieben durch diagonale Verstrebungen ausgesteifte Stahlrahmen tragen eine sekundäre Struktur. Daran ist eine fortlaufende Verkleidung aus azurblauem Wellblech befestigt. Dieses umhüllt das gesamte Gebäude, abgesehen von der südlichen, vollständig verglasten, Kopfseite. Hier öffnet sich auf zwei Ebenen der für Büros und die Ausstellung der Produkte bestimmte Bereich, während die übrige Fläche als Magazin genutzt wird. Die Konstruktion ist in der Längsrichtung durch das Anfügen von zusätzlichen Stahlrahmen erweiterbar.

Die Glaspaneele sind mittels Stahlplatten an einer Metallstruktur mit rundem Querschnitt befestigt. Die senkrechten Verbindungen zwischen den Paneelen bestehen aus Neoprendichtungen mit metallenen Laschen. Die horizontalen Fugen sind hingegen mit Silikon versiegelt. Die Glasscheiben sind getönt und leicht reflektierend.

1 Die Eingänge auf der Ostseite.

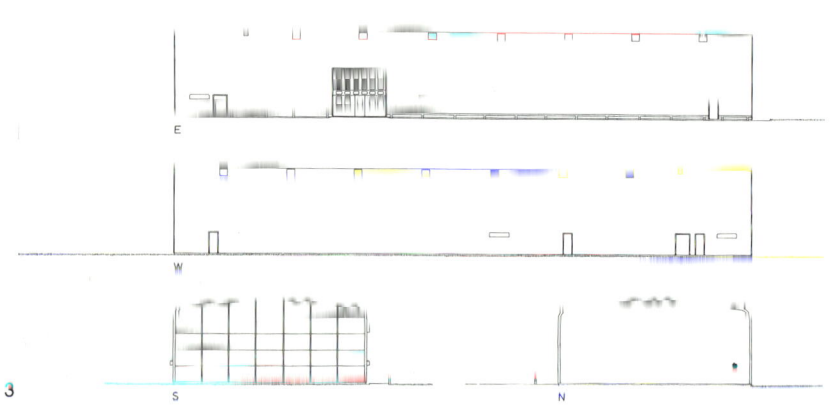

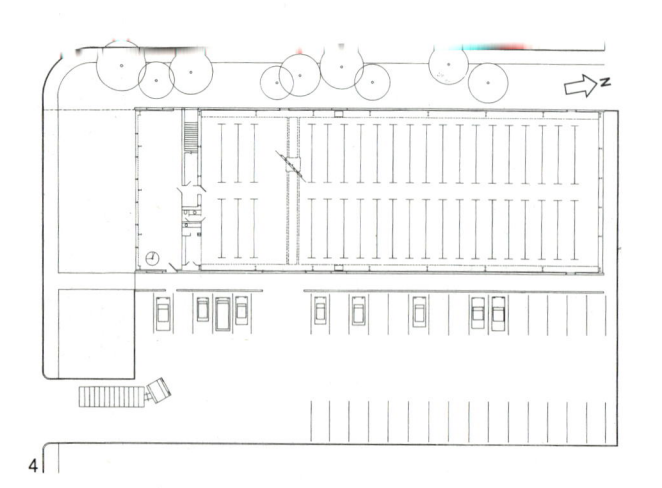

2 Die Südfassade, komplett
  verglast.
3 Ansichten.
4 Grundriß.
5 Perspektivischer Schnitt.
6 Ansicht der Büroräume.

82

5

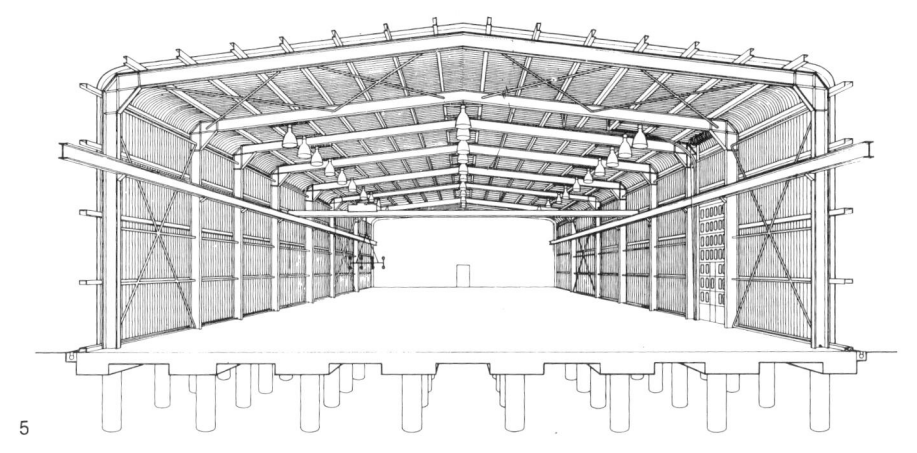

6

1973 Einrichtungssystem für die Läden Orange Hand, Nottingham, Brighton, Reading.
Foster Associates: N. Foster, W. Foster, M. Hopkins, L. Butt, R. Bradley, C. Chhabra, D. Bailey, B. Haward, M. Kuch, D. Harris, J. Warton.

Das bewegliche und variable Mobiliarsystem besteht in seinen Grundelementen aus Metallrohren mit rundem Querschnitt. Dieses ist gelb lackiert und bildet von Mal zu Mal eine Struktur von Regalen, Kabinen, Ladentischen, Ständern und Schienen, um Kleider aufzuhängen.
Der Entwurf der verschiedenen Bestandteile antwortet dem einheitlichen Projekt zur Kreation des Firmen-Image und geht vom Schriftbild bis zu den Ausstattungsfarben. Die Beleuchtungs- und Belüftungselemente bilden einen Teil der Einrichtung.

1 Perspektivische Skizze eines Ladentyps.
2 Perspektivischer Schnitt.
3 Innenansicht eines Ladens.

2

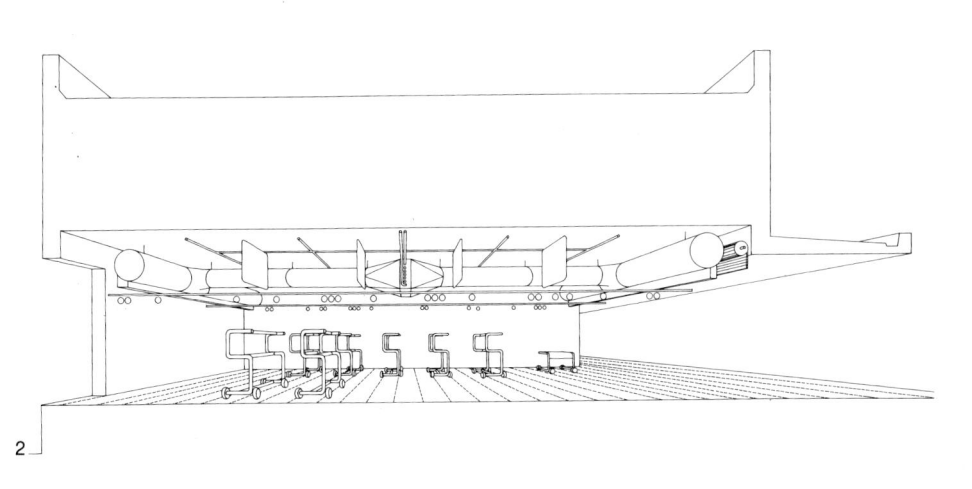

3

1973 Wohnungsbau von niedriger Dichte, Milton Keynes (Buckinghamshire).
Foster Associates: N. Foster, W. Foster, M. Hopkins, L. Butt, R. Bradley, C. Chhabra, D. Bailey, B. Haward, F. Peacock, T. Earnshaw.

Die Siedlung liegt innerhalb eines Grundstückes von ungefähr 40 ha und wird durch das rechtwinklige Straßenraster, das den gesamten Stadtplan von Milton Keynes charakterisiert, begrenzt. Die spärliche Widerstandskraft des Grundes und die Notwendigkeit, mit sehr beschränkten Mitteln zu bauen, bedingten die Wahl des Bau- und Siedlungssystems der eingeschossigen Einfamilienhäuser. Die kompakte Anlage soll die niedrige Dichte ausgleichen. Ökonomische und konstruktive Notwendigkeiten haben die Architekten dazu geführt, den Wohnraum maximal auszunutzen. Sie verwenden leichte Holzstrukturen, flexibel und erweiterbar, in voller Übereinstimmung mit der Entwurfsphilosophie der Gruppe.

Das rechtwinklige System, welches die urbanistische Siedlungsentwicklung formt, regelt auch die Ausstattung der Häuser. Sie basiert auf einer klaren inneren Unterteilung, die trotzdem nicht streng ist dank der Einführung von verschiebbaren Wänden. Die vorgefertigten Küchen- und Toilettenräume dienen als Aussteifungen und als akustische Barrieren gegenüber den Wohnräumen. Die Fassadenelemente bestehen aus einer mit Wellblech verkleideten Holzkonstruktion. Das Erweiterungssystem sieht die Kopplung der Wohnungen vor. Jede besitzt ihren eigenen Garten sowie einen gemeinsamen Autounterstand.

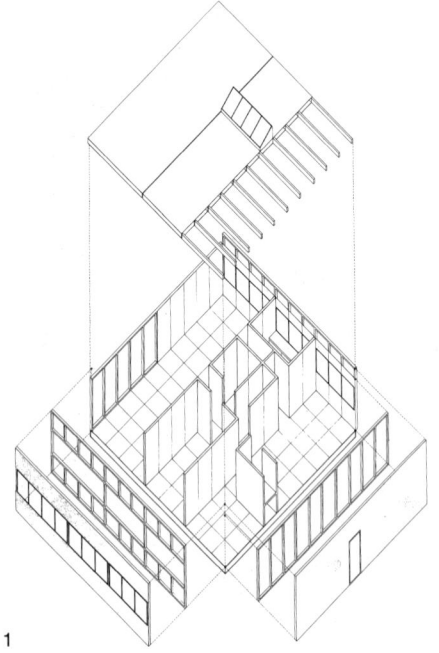

1 Explosionsaxonometrie eines Wohnungstyps.
2/3 Grundrisse der Wohnungstypen für zwei und für vier Personen.
4 Lageplan.
5 Außenansicht der Wohnungen.

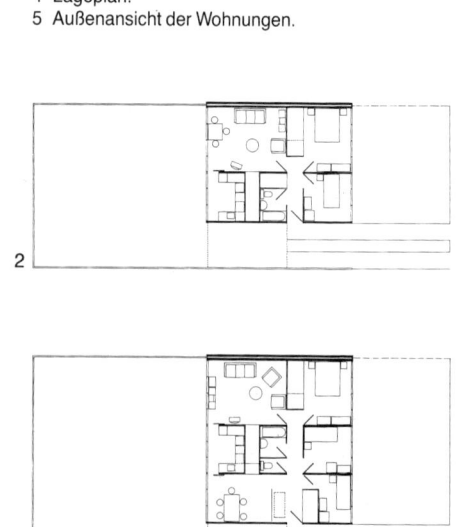

4

5

87

1973/74 Hauptsitz der Versicherungen Willis Faber & Dumas, Ipswich (Suffolk).
Foster Associates: N. Foster, W. Foster, M. Hopkins, L. Butt, R. Bradley, C. Chhabra, D. Bailey, B. Haward, M. Sutcliffe, P. Berthon, T. Brohn, R. Crandon-Gill, G. Downes, A. Phillips, L. Pilar, I. Ritchie, J. Wharton.

Die in der ersten Phase der beruflichen Tätigkeit von Norman Foster gereiften Erfahrungen werden in diesem Werk poetisch zusammengefaßt. Es ist voll von außerordentlichen Qualitäten und bereits ein Paradebeispiel zeitgenössischer Architektur geworden. Die historischen Matrizen, welche die Modernität des Gebäudes bestimmen, sind in Mies' Entwurf für den gläsernen und facettierten Büroturm von 1920 mit seinem freien Grundriß erkannt worden. Aber das Werk in Ipswich geht über die reine und einfache

1 Ansicht des Gebäudes bei Nacht.

Umsetzung dieser Einflüsse hinaus, weil der Autor sie, schöpferisch selbständig, neu erarbeitet und sie in den bestehenden städtischen Kontext einfügt. Banham spricht in diesem Zusammenhang von einem auf den neusten Stand gebrachten Beitrag zu dieser Problematik, in der britischen Kultur des «townscape» wurzelnd.
Die geschwungene Glashülle, welche den Komplex ohne Unterbrechung vom Boden bis zum Dach umfaßt, spiegelt das Bild der Umgebung und zerstückelt es. Die Wand verschwindet nachts und enthüllt den Organismus der Innenräume und seine Struktur. Fosters Fähigkeit, die konstruktiven Elemente auf das Wesentliche zu reduzieren, hat einem erstaunlichen minimalistischen Baukörper Ausdruck verliehen.
Durch das Ausnutzen der mechanischen Eigenschaften des Zugwiderstandes des Glases waren keine Rahmen oder Pfosten notwendig und die Paneele konnten am Rand der Decken aufgehängt werden. Die tieferliegenden Glasscheiben sind mit einer

2

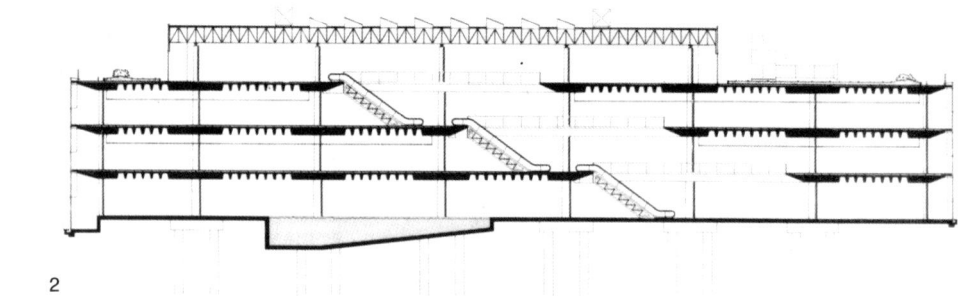

2 Schnitt.
3–6 Grundrisse Erdgeschoß, erstes und zweites Obergeschoß, Dachgeschoß.

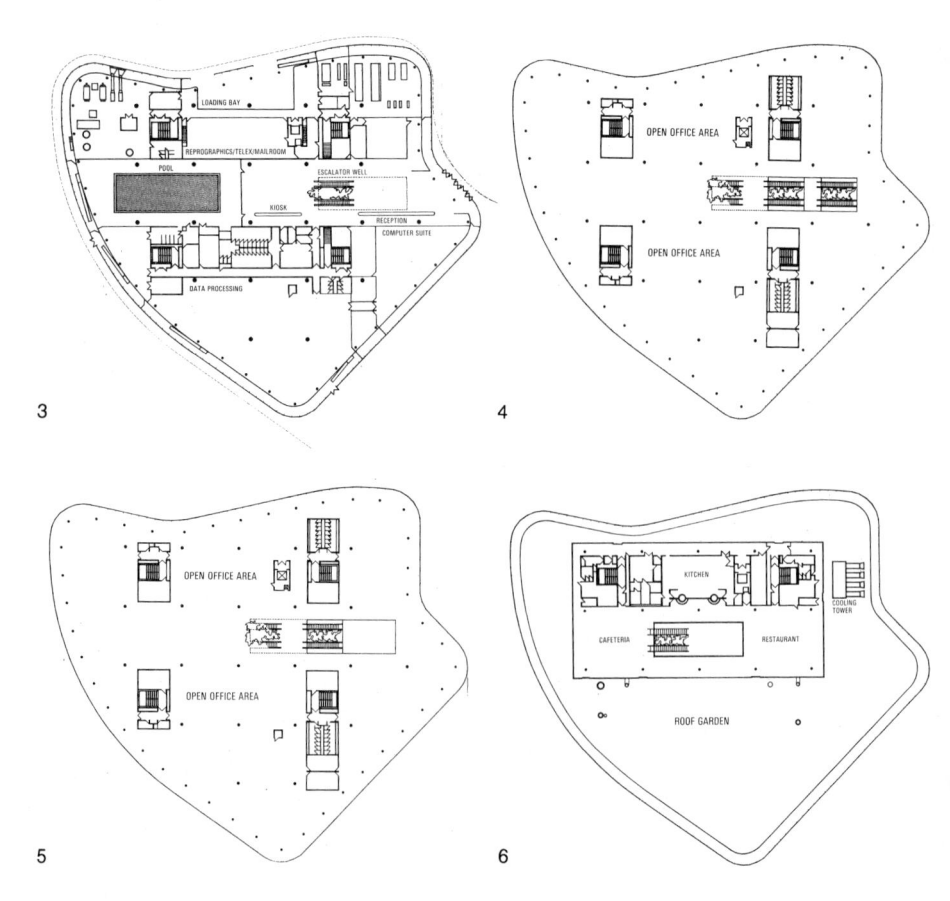

3

4

5

6

7 Außenansicht des Gebäudes.

einfachen Metallplatte und vier Bolzen befestigt. Alle Fugen sind mit transparentem Silikon versiegelt und die Aussteiffung ist durch dieselben «Glasflügel» gesichert, die beim Büro in der Fitzroy Street in London angebracht wurden.
Im Zusammenhang mit den Forschungen zum Thema der kompakten baulichen Anlagen (wie das «Climatroffice») entwickelt der Bau «Willis Faber & Dumas» einen recht niedrigen Quotienten zwischen der gesamten und der äußeren Oberfläche. Ein günstiges Verhältnis in bezug auf den Energieverbrauch. In diesem Sinn wichtige Aspekte sind die reduzierte Höhe des Komplexes, das begrünte Dach mit hoher Wärmeisolation und die Leistungsqualität des Glases, welches in der Lage ist, die Lichtstrahlen zu filtern und die Phänomene der Überhitzung oder der übermässigen Streuung zu verhindern. Die beiden Büroetagen liegen zwischen dem Dachgarten (wo auch das Restaurant untergebracht ist) und dem Erdgeschoß. Dieses nimmt den Empfangsbereich, die sozialen Einrichtungen für das Personal (darunter auch ein Schwimmbad) und verschiedene technische Anlagen auf. Im Zentrum des Gebäudes liegt diagonal ein großer Lichthof. Er wird von oben beleuchtet; in ihm befinden sich die Rolltreppen, die alle Ebenen verbinden. Die Büros sind nach den Prinzipien des «open-plan» als Großraumbüros organisiert, was einen hohen Flexibilitätsgrad bietet. Dieser wird durch ein verzweigtes System der Energieverteilung ermöglicht, welches in den abgehängten Decken und in den Hohlböden liegt.

Die punktförmige Stützenstruktur und diejenige der Kassettendecken ist aus Beton. Die runden Stützen stehen in einem quadratischen Raster von 14 × 14 m Seitenlänge, während ein zweites System im Stützenabstand von 7 m untereinander dem äußeren geschwungenen Verlauf folgt.
Kennzeichnend für dieses Projekt war die Beteiligung der Angestellten nach jener Methode, die im Falle des Olsen-Zentrums bereits ausprobiert wurde. Die definitive Gliederung des Gebäudes ist aus zahlreichen Begegnungen mit dem Direktionspersonal und den Vertretern der Angestellten hervorgegangen. Der neue Arbeitsort scheint entschiedenen Anklang zu finden, was dem Urteil von Kenneth Frampton entgegentritt, der im Gebäude die Materialisierung eines Systems der totalen Ordnung und Überwachung sieht.

8 Die geschwungene Wand entlang der Princess Street.
9 Perspektivische Studie.
10 Perspektivischer Längsschnitt.

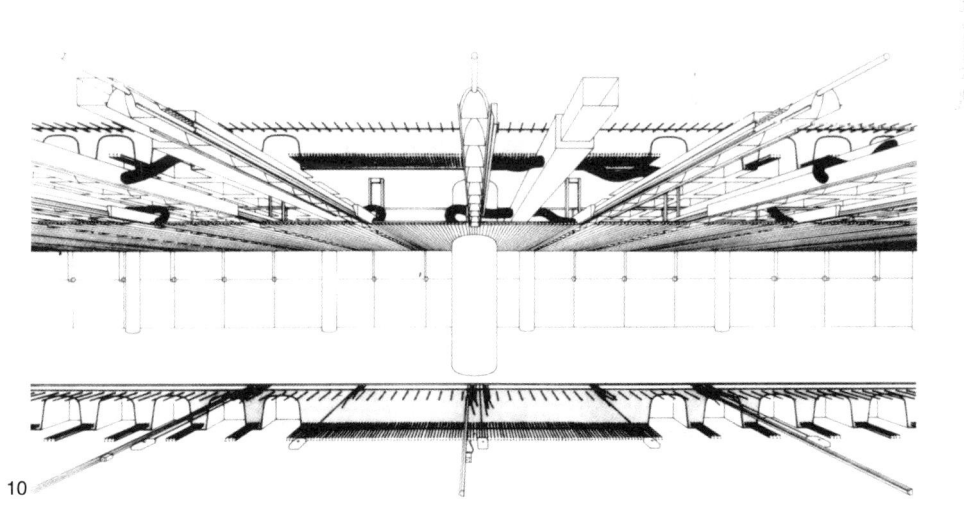

9

10

93

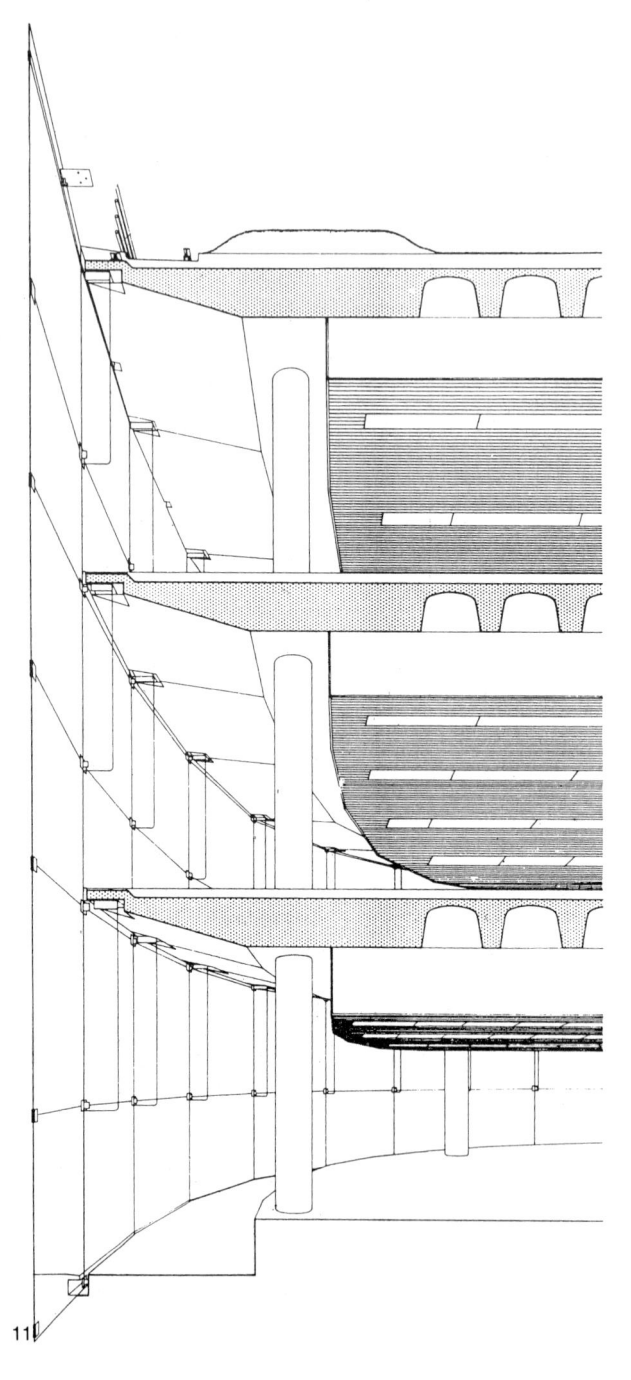

11 Perspektivischer Querschnitt durch die Geschosse.
12 Ansicht der Rolltreppen und der Rezeption im großen Atrium.

Auf den folgenden Seiten:
13 Die Spiegelfassade reflektiert die städtische Umgebung.

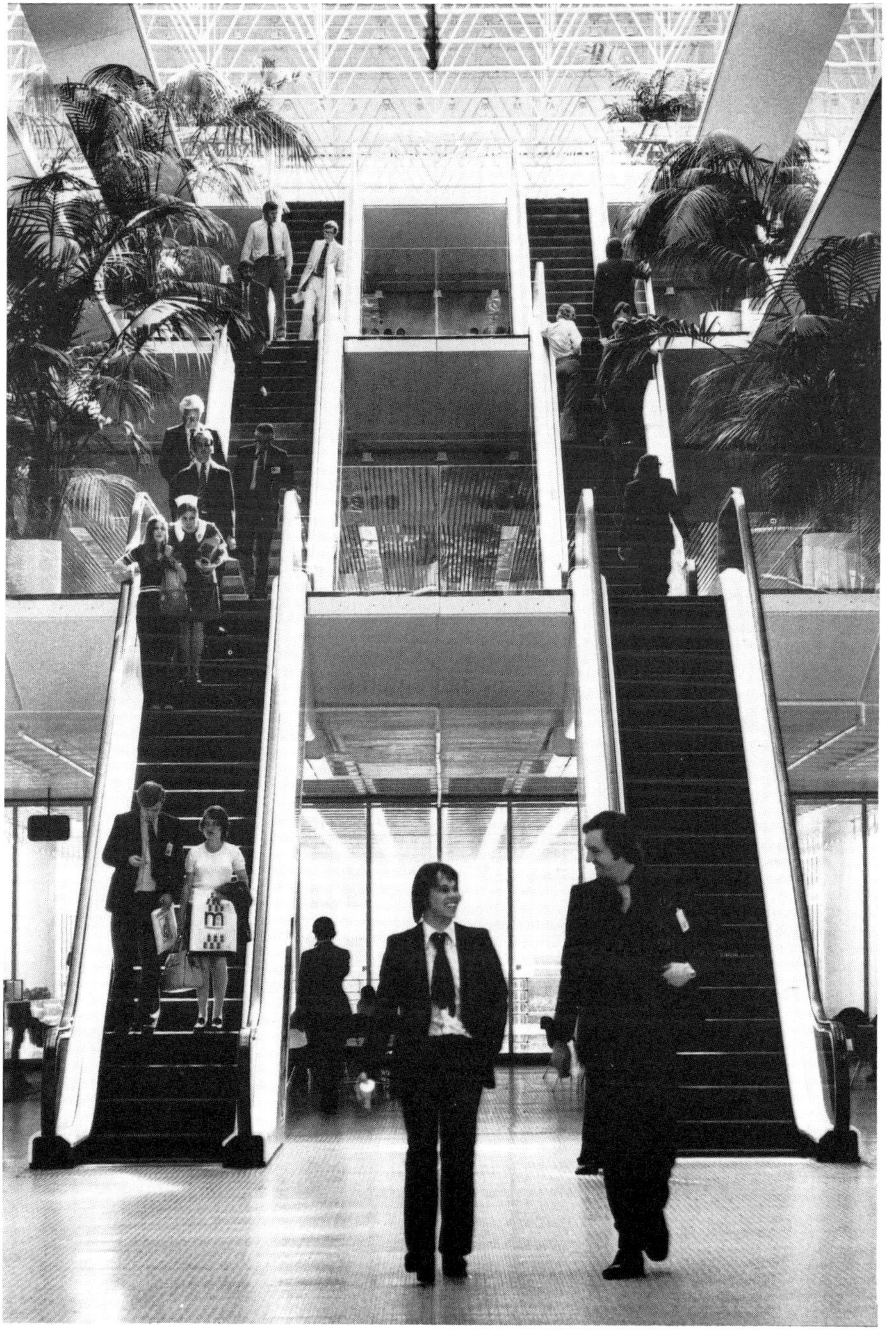
12

13

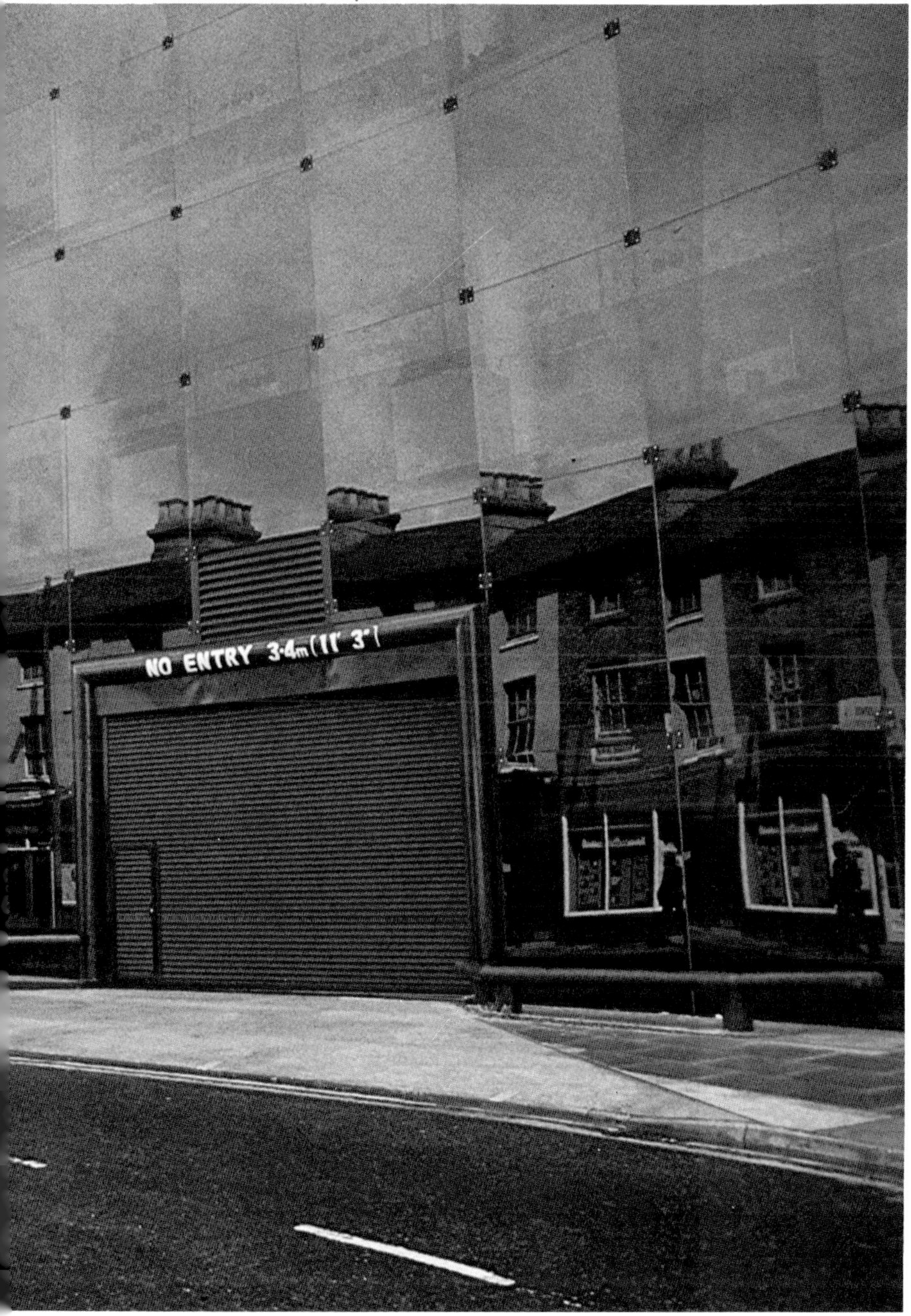
NO ENTRY 3·4m (11' 3")

14

15

14 Der Dachgarten.
15 Das Gartenrestaurant im Dachgeschoß.
16 Das Schwimmbad.

1974 Nautisches und Sportzentrum, Son (Norwegen). Projekt.
Foster Associates.

Der Vorschlag bildet einen Teil eines Programmes zur touristischen Erschließung einer Zone, welche am Fijord von Oslo liegt. Die Studie wurde von drei norwegischen Reedereigesellschaften in Auftrag gegeben. Das Projekt sah die Errichtung baulicher Strukturen für sportliche und Erholungsaktivitäten vor, die sich völlig der Landschaft unterordnen und deren Eigenheiten schützen. Die Suche nach dem kleinsten Platzkontakt führte zum bevorzugten Gebrauch von leichten, vorgefertigten Bestandteilen.

1 Schnitt durch eine Einrichtung des Sportzentrums.
2 Modellansicht von oben.

1974 Bürogebäude, Vestby (Norwegen). Projekt.
Foster Associates.

In diesem Projekt sind eine Reihe von Pavillons für Büros in eine Waldlichtung im Süden von Oslo zu situieren. Foster Associates sind *soft*, mit minimer Veränderung der natürlichen Landschaft vorgegangen. Die Eigentümlichkeiten der Umgebung haben die Wahl von vorfabrizierten Systemen suggeriert, um Schäden zu vermeiden, die durch die Anwesenheit einer großen Baustelle entstanden wären. Der Transport der Leichtbauteile konnte so auf dem Luftweg via Helikopter angenommen werden. Die Konstruktionen sind auf Stützen von der Erde hochgehoben und stellen sich wie vierseitige Glasprismen dar. Die Beleuchtung wird durch automatische Vorhänge und durch Spiegel geregelt. Diese sind im Dach auf speziellen Stützen untergebracht, um im Winter die niedrigen Sonnenstrahlen aufzufangen und via Oberlichter ins Innere zu leiten. Die Pavillons bilden ein umweltfreundliches Raumsystem mit niedrigem Energieverbrauch. Die Belüftung findet auf natürlichem Wege statt und die Luftzufuhr erfolgt über die druckfestgemachten Hohlräume in der Decke und im Fußboden. Im weiteren sind Anlagen für die Wiederaufbereitung des Wassers und der Abfallverwertung vorgesehen.

1/2 Skizzen zur Definition des Entwurfs.

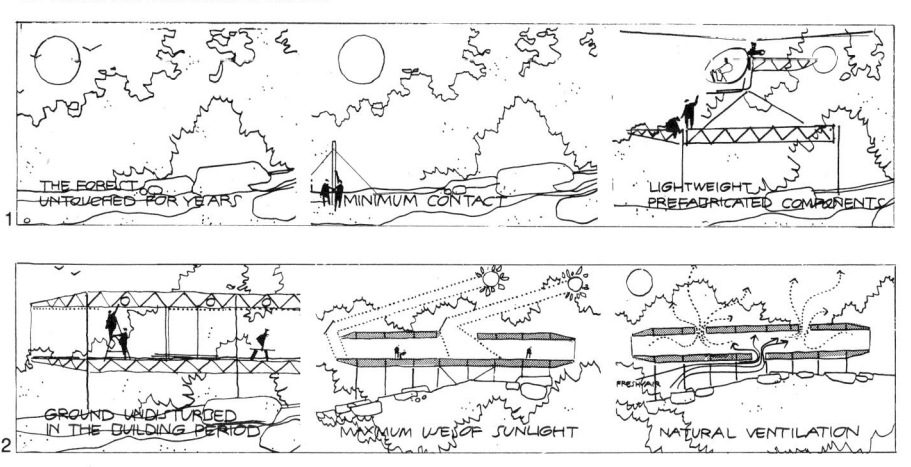

3

3–5 Studien zur Einfügung des Gebäudes im Wald.
6 Arbeitsmodell.

1975 Renovation und Erweiterung eines Bürokomplexes. Oslo. Projekt.
Foster Associates.

Das Programm sah die Restaurierung eines Gebäudes aus dem 19. Jahrhundert vor, das mit Büros der Gesellschaft Fred Olsen belegt ist. Davor sollte eine neue, höhere Konstruktion mit Dienstleistungscharakter entstehen. Der Raum zwischen den beiden Baukörpern ist überdacht und als öffentliche verglaste Galerie angelegt. Sie wird von Treppen durchquert, welche offene Ebenen verbinden, die auf den darunterliegenden Platz vorspringen.

1 Arbeitsmodell.
2 Perspektive der Galerie.

1974/75 Sonderschule für behinderte Kinder, Liverpool (Palmerston).
Foster Associates.

Der Komplex ist auf der Grundlage der neuen Erziehungstheorien für die Eingliederung von behinderten Kindern errichtet. Er stellt die natürliche Weiterentwicklung der kleinen Schule von Hackney in London dar. Analoge Ansprüche an Flexibilität, an einfache räumliche Bezüge und an eine klare Verteilung bilden die Voraussetzungen des Gebäudes von 36 × 37,5 m.
Die Tragstruktur besteht aus Metallstützen mit quadratischem Schnitt. Sie sind im Abstand von 12,5 × 12,5 m und mit fünf Spannweiten von 7,5 m angelegt. Die äußere Verkleidung aus gefalteten und profilierten Platten von Asbest-Zement ist mit gelbgrünem wasserfesten Lack gestrichen. Die Nord- und Südfassaden sind hinsichtlich der Dachkante zurückgesetzt und bilden einen bedeckten Raum für die Aktivitäten an der frischen Luft.
Der Innenraum ist mit Trennwänden organisiert und erhält Tageslicht durch Oberlichter im Dach. Die einzigen festen Einrichtungen sind die sanitären Anlagen und die entlang der Nordfassade gelegenen Räumlichkeiten.

1 Perspektivischer Querschnitt.
2 Ansicht der Schule bei Nacht.

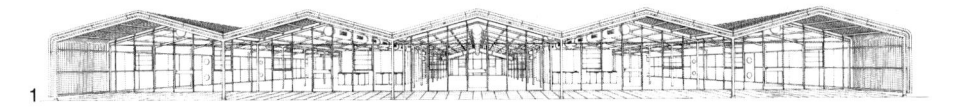

3

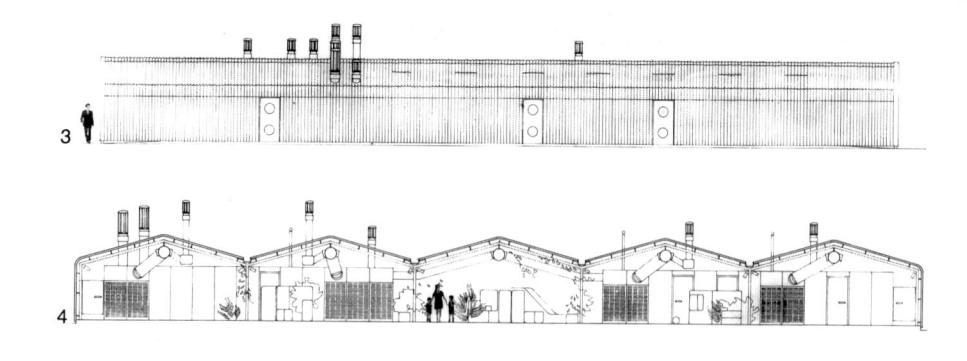

4

3–5 Ansicht, Schnitt und Grundriß der Schule.

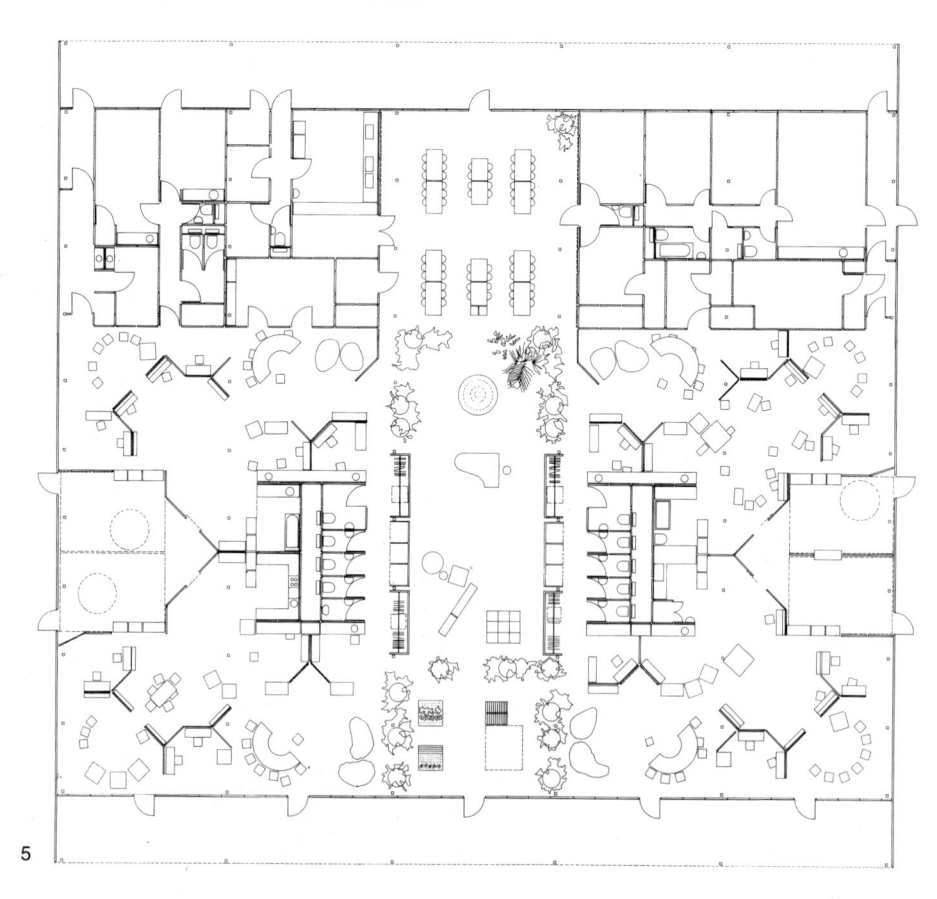

5

106

1974–1978 Sainsbury Centre for Visual Arts, Norwich (Norfolk).
Foster Associates: N. Foster, W. Foster, A. Branthwaite, L. Butt,
J. Calvert, C. Chhabra, I. Dowsett, H. Filbey, R. Fleetwood, B. Haward,
R. Horden, C. Lawin, D. Nelson, T. Nyhuus, J. Yates.

Die Ikonografie der Maschinenkultur und die historischen Erinnerungen der großen Konstruktionen der Ingenieurkunst des 19. Jahrhunderts finden im Sainsbury Centre ihren sublimen Ausdruck. Es liegt am Ende der brutalistischen und im Zickzack verlaufenden Komposition des Campus der Universität von East Anglia. Wiederum minimalistische Ausdrucksmittel gebrauchend, scheint sich Foster dennoch wieder für den figurativen Wert der nach außen gezeigten Struktur, wie im Fall der «Reliance Controls», zu interessieren. Die Gestaltung des Gebäudes in Norwich tendiert dazu, das

1 Luftaufnahme des Universitätskomplexes und des Museums.

metallene Gerüst entlang den längeren Fassaden zu verbergen und es bloß an den Kopfenden frei auszudrücken.

Der große Behälter von ungefähr 6200 m² wurde errichtet, um die Stiftung Sainsbury der Universität zu beherbergen, zusammen mit der Schule der Schönen Künste, einem Restaurant, Ausstellungsräumen, kleinen Studios und Laboratorien. Die Metallstruktur aus geschweißtem Stahlrohr besteht aus einem System von 37 rechtwinkligen Tragbalken und Stützen mit 35 m Spannweite. Das Gebäude ist 132 m lang mit einer reinen Innenhöhe von 7,5 m.
Die Dicke des dreidimensionalen Elementes aus Tragbalken und Stützen (2,4 m) gestattet seine Verwendung. In seinem Inneren sind eine Vielzahl von festen Installationen untergebracht, die so die gesamte Kontinuität des Innenraumes der Galerie nicht beeinträchtigen. Der in Längsrichtung entwickelte Baukörper präsentiert Lösungen für die Kopfseiten, welche die technische, strukturelle und gestalterische Organisation des ganzen Komplexes erläutern. Die Komponenten des architektonischen Spiels sind klar definiert: Die Fassaden, welche den beiden Kopfseiten entsprechen, bilden einen lebhaften Schnitt durch das Gebäude. Selbst die Paneele der Auffüllungen sind wichtige und bestimmende Teile der Architektur. Die freien Fronten der Kopfseiten sind ganz verglast. Die Scheiben (7,5 × 2,4 m) sind mit Silikon versiegelt und ohne senkrechte Unterstützung, welche die Sicht von innen nach außen beeinträchtigt hätte. Die Seitenfassaden und das Dach sind hingegen mit Paneelen des gleichen Types, aber von anderer Qualität ausgefüllt: matt, transparent und aus Drahtglas, flach oder gewinkelt. Ihre Ausmaße betragen 2,4 × 1,2 m. Die matten, sandwichartigen haben eine reflektie-

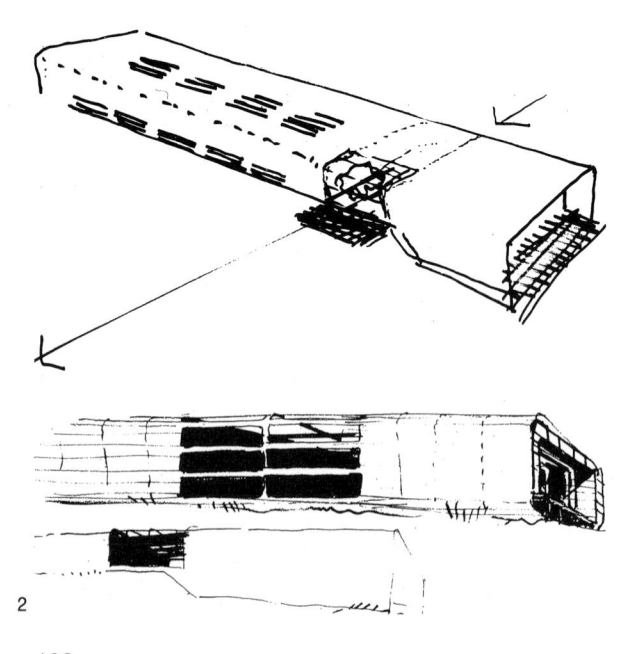

2

rende äußere Verkleidung aus einbrennlackiertem Aluminium und im Innern 10 cm Schaum mit hoher Wärmedämmung. Das System der Komponenten entspricht der notwendigen Einschränkung des Energieverbrauchs. Die Paneele sind an einer sekundären Metallstruktur befestigt und durch ein fortlaufendes Netz von Neoprendichtungen verbunden. Der Schnitt ist profiliert, um der Ableitung des Regenwassers zu dienen. Alle Paneele sind schnell demontierbar und wiederzusammensetzbar, weil sie nur durch sechs Bolzen mit dem Gestell verbunden sind. Der in der Strukturstärke enthaltene Zwischenraum ist im Innern der Galerie durch ein mobiles System von automatischen Jalousien aus Aluminium verborgen. Sie regeln das natürliche Licht, das von oben und von der Seite kommt. Auch die technischen Anlagen und die Beleuchtungseinrichtungen stellen einen Teil des komplexen Raumüberwachungssystems dar, welches das architektonische und technologische Konzept des Werkes bestimmt. Das «Sainsbury Centre» erweist sich als ein Beispiel für die typologische Erneuerung des Museums, auf einen direkteren und ungetrübteren Genuß des Kunstwerkes hin ausgerichtet.

2 Entwurfsskizzen.
3 Erläuterungsskizzen zur strukturellen Funktion und Morphologie des Gebäudes.

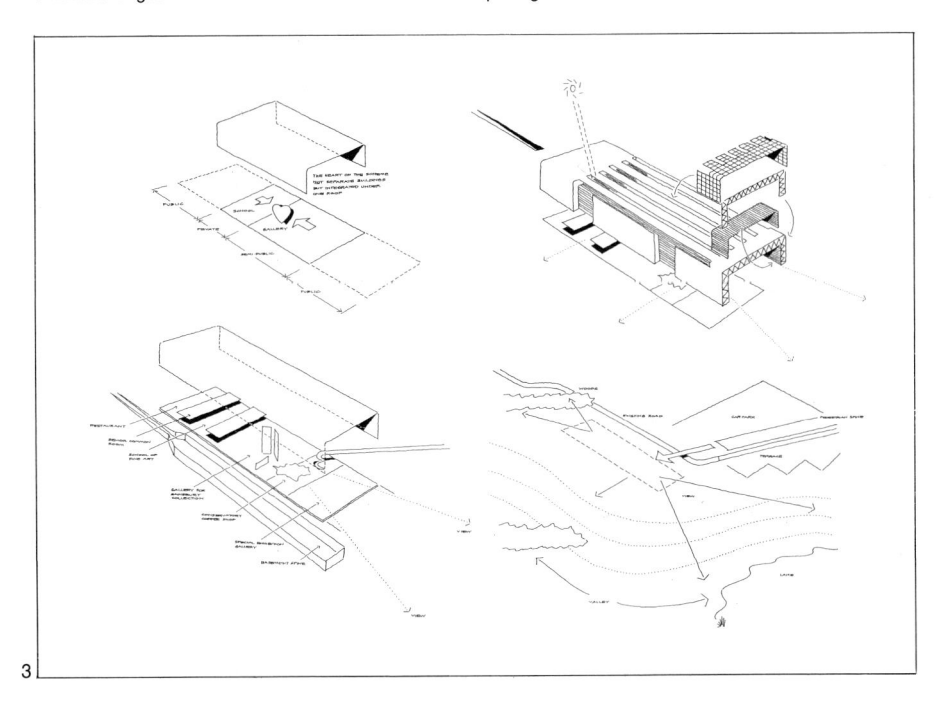

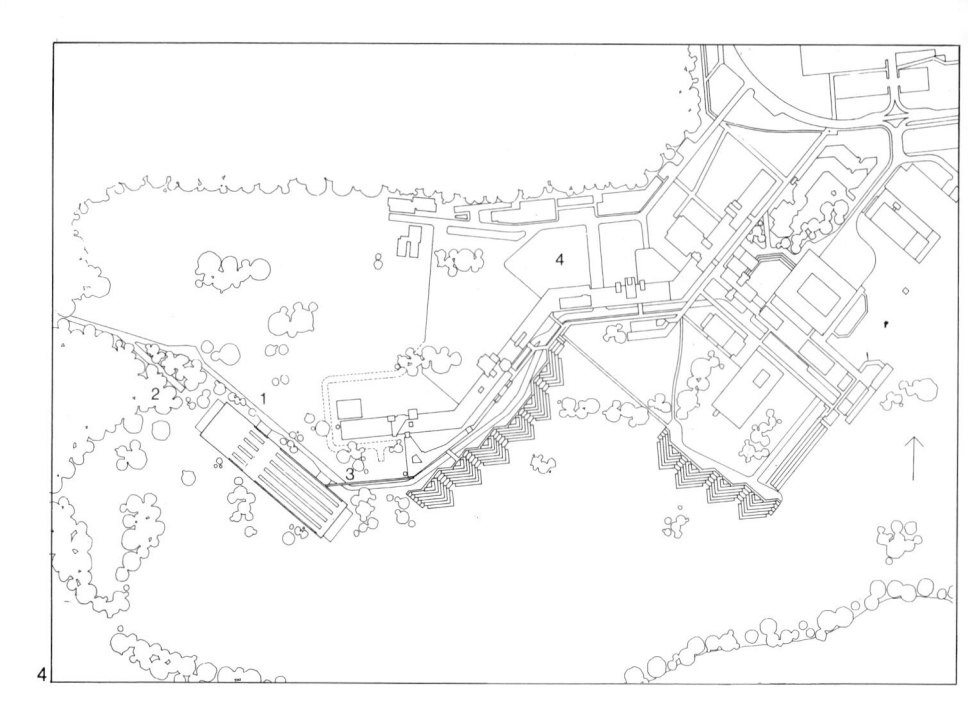

4 Lageplan.
5 Grundriß Erdgeschoß.
6 Grundriß Zwischengeschoß (Mezzanin).
7 Grundriß Dach.
  1 Fahrstraße.
  2 Zugangsrampe.
  3 Erhöhte Passerelle.
  4 Universität.
  5 Eingänge.
  6 Information.
  7 Bereich für Sonderausstellungen.
  8 Aufenthaltsraum.
  9 Studienbereich.
  10 Schule der Schönen Künste.
  11 Küche.
  12 Restaurant.
  13 Studienbereich / Ateliers.

111

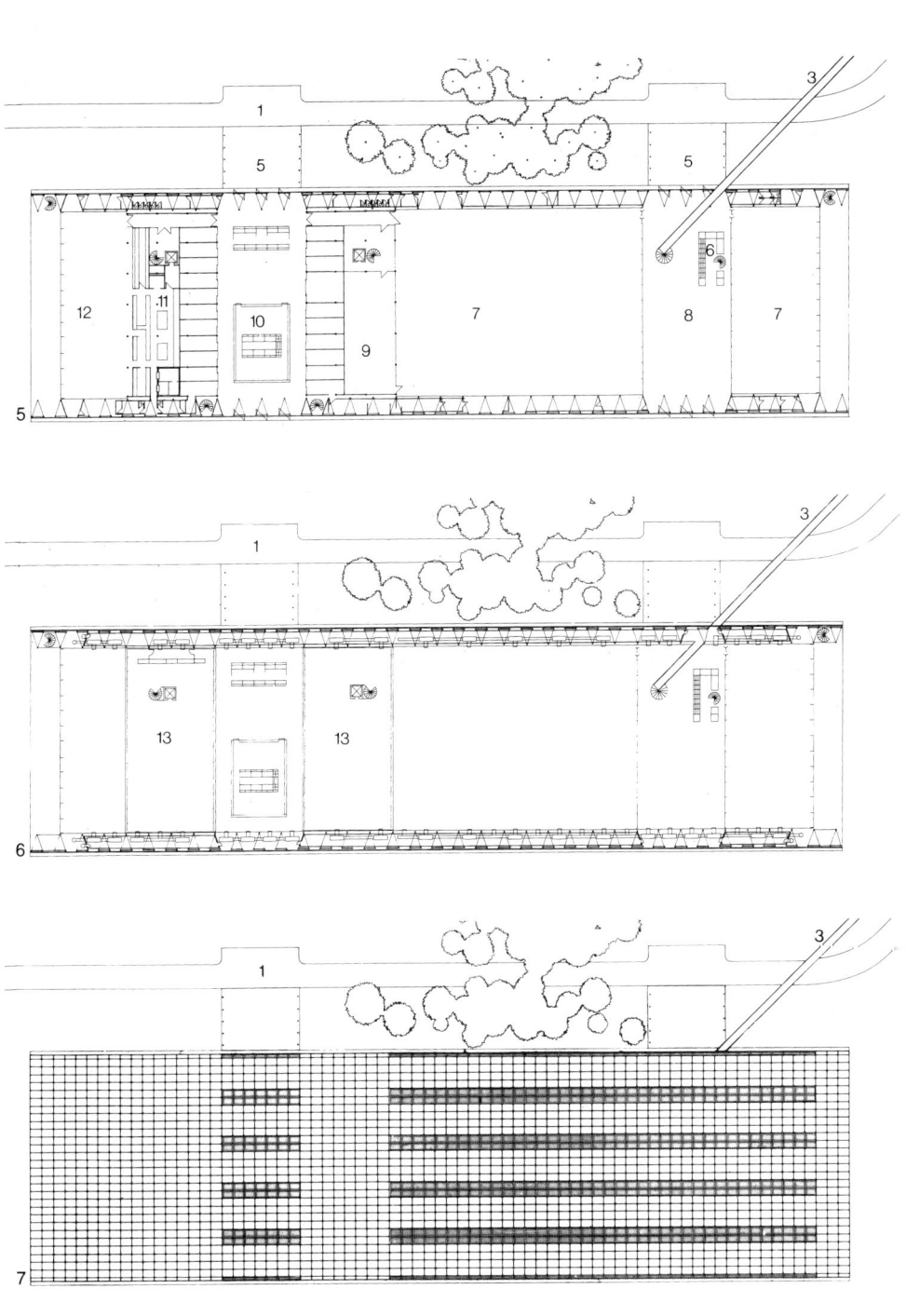

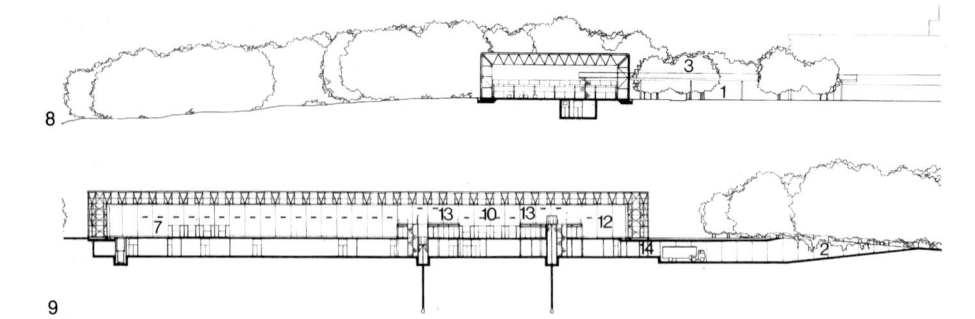

8 Querschnitt.
9 Längsschnitt.
  1 Fahrstraße.
  2 Zugangsrampe.
  3 Erhöhte Passerelle.
  7 Bereich für Sonderausstellungen.
  10 Schule der Schönen Künste.
  12 Restaurant.
  13 Studienbereich / Ateliers.
  14 Ladebereich.
10 Axonometrischer Schnitt.

11 Verglaste Fassade.
12 Detail einer Ecklösung.

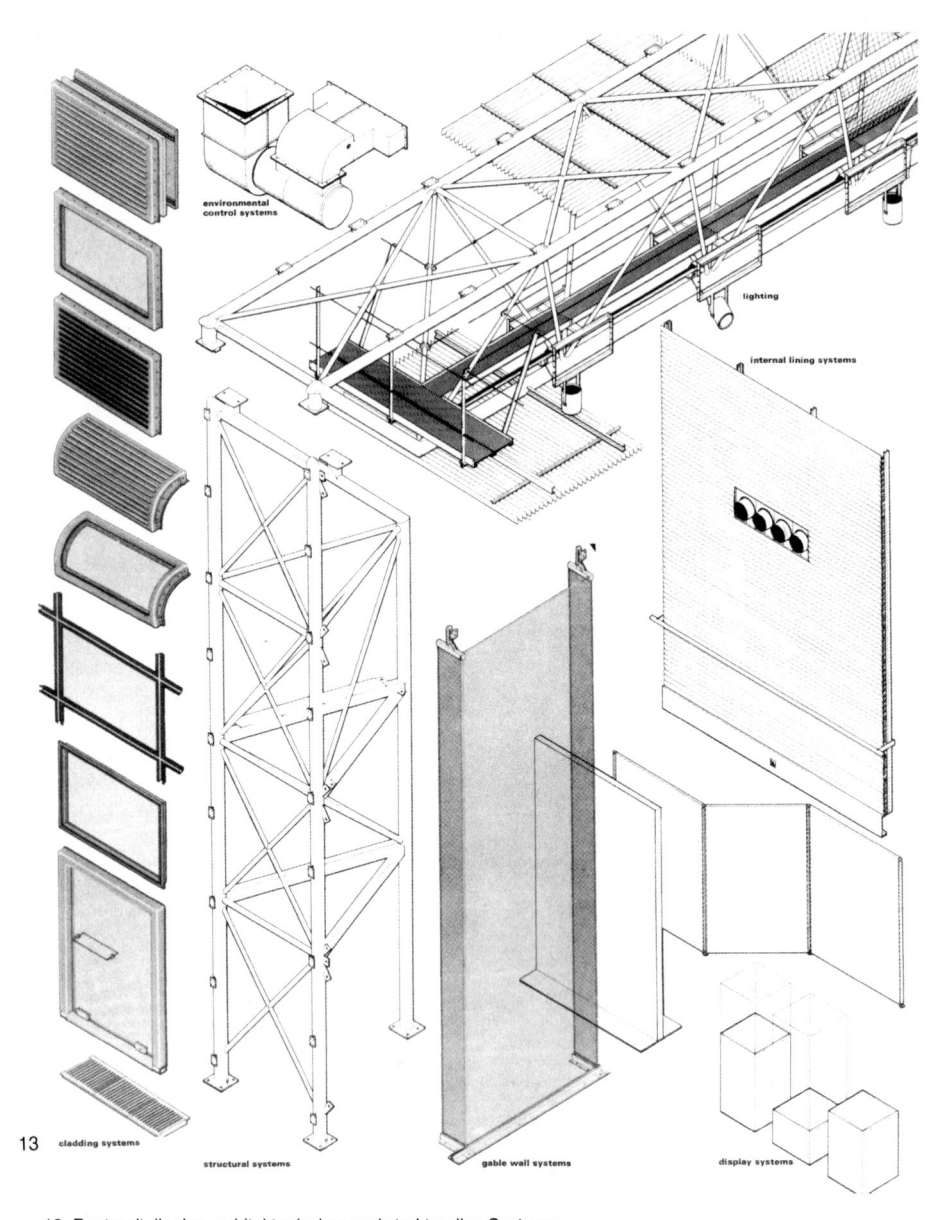

13 Bestandteile des architektonischen und strukturellen Systems.

14 Detail des Knotenpunktes Paneele / Dichtung / Gerüst.
   1 Äußerer Finish aus Aluminium.
   2 Isolation.
   3 Neoprendichtung.
   4 Stahlrohrgerüst.
   5 Glaspaneel.
   6 Sekundäre Struktur aus gepreßtem, lackiertem Aluminium.
   7 Innerer Finish aus Aluminium.
   8 Befestigung mit Schraubenmuttern und Bolzen.
   9 Stahlschrauben.
   10 Schraubenmuttern und Bolzen aus Stahl.
   11 Stehfalz zur Aussteifung des Aluminiums.

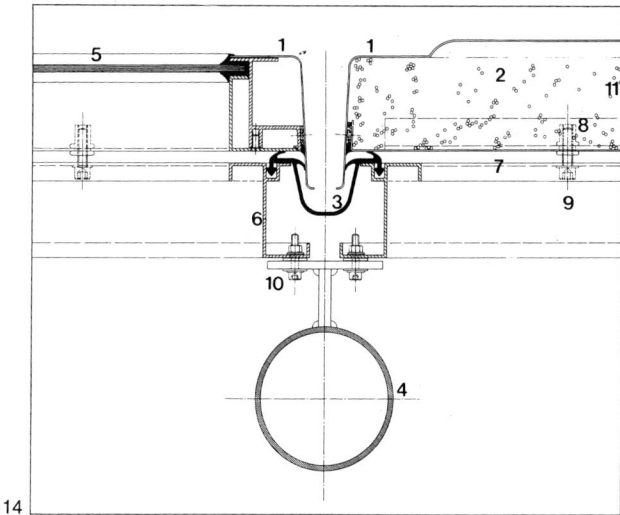

15 Metallskelett in Konstruktion.

16 Montage der Paneele und Neoprenverbindungen am Gerüst.
17 Detail der matten und durchsichtigen Paneele.

18

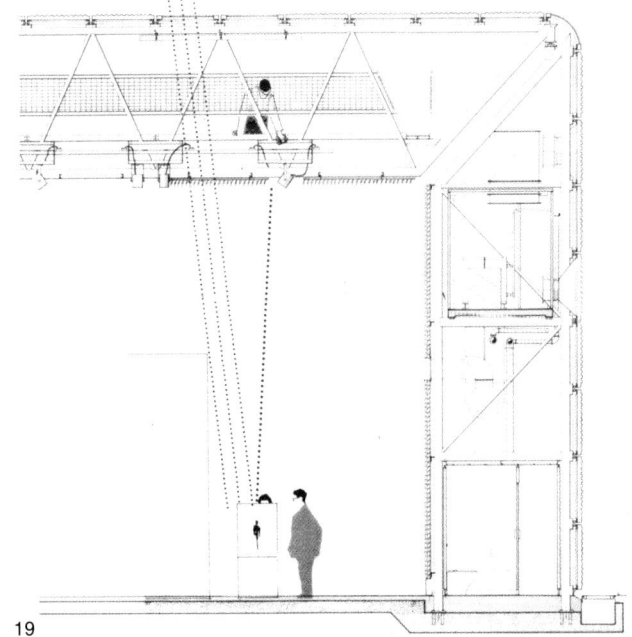

18 Die Montage oder
 Demontage der Paneele
 läßt sich leicht ausführen,
 indem sechs Bolzen
 angeschraubt oder
 losgedreht werden.
19 Querschnittdetail des
 Gerüstes und des
 Zwischenraumes.

19

20

20 Paneel an der Ausstellung in Paris 1986.
21 Perspektive einer Kopfseite des Sainsbury Centres.

22 Erhöhter Eingang über den Verbindungssteg zum Universitätskomplex erreichbar.

Auf den folgenden Seiten:
23 Südwestseite des Museums.

21

22

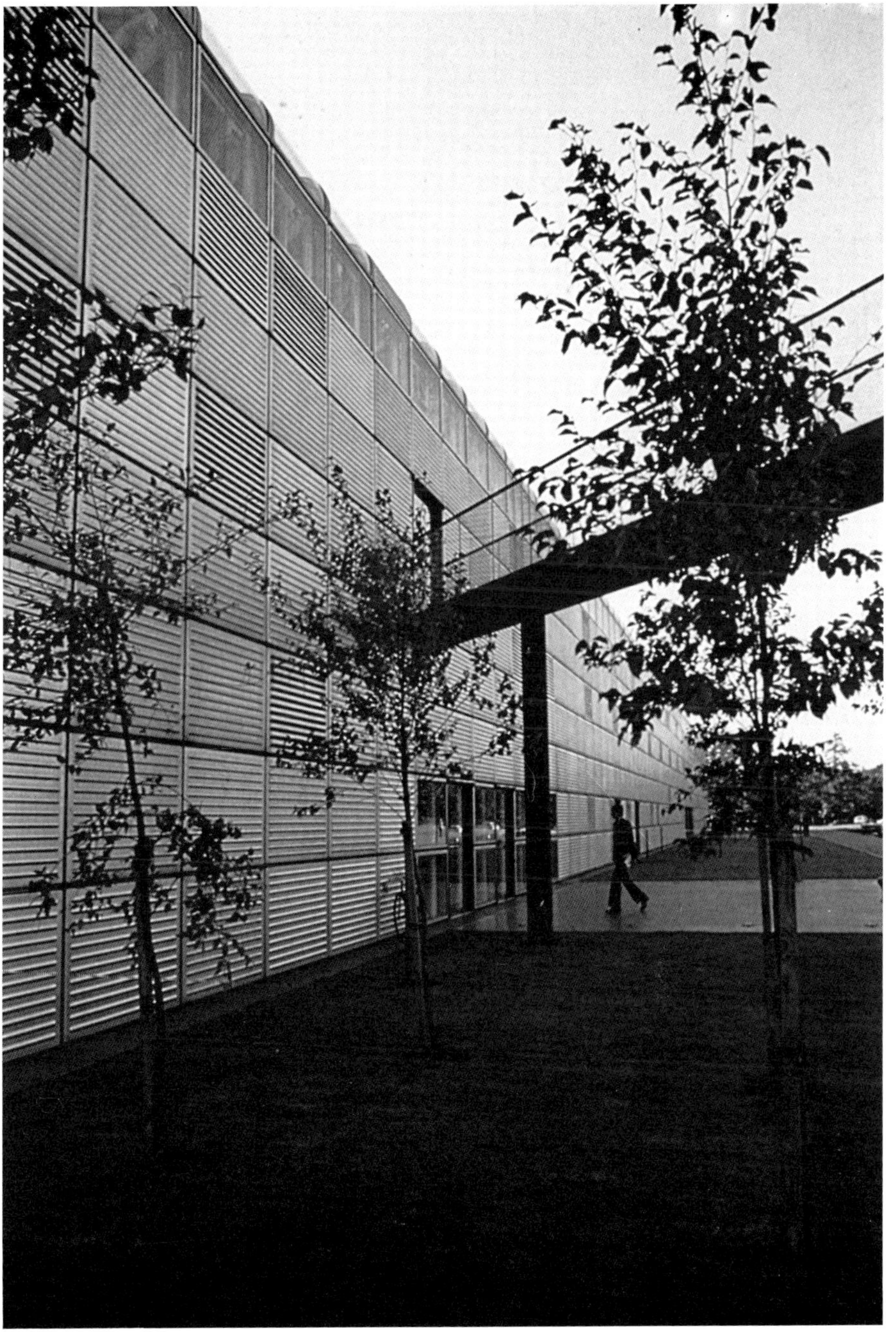

23

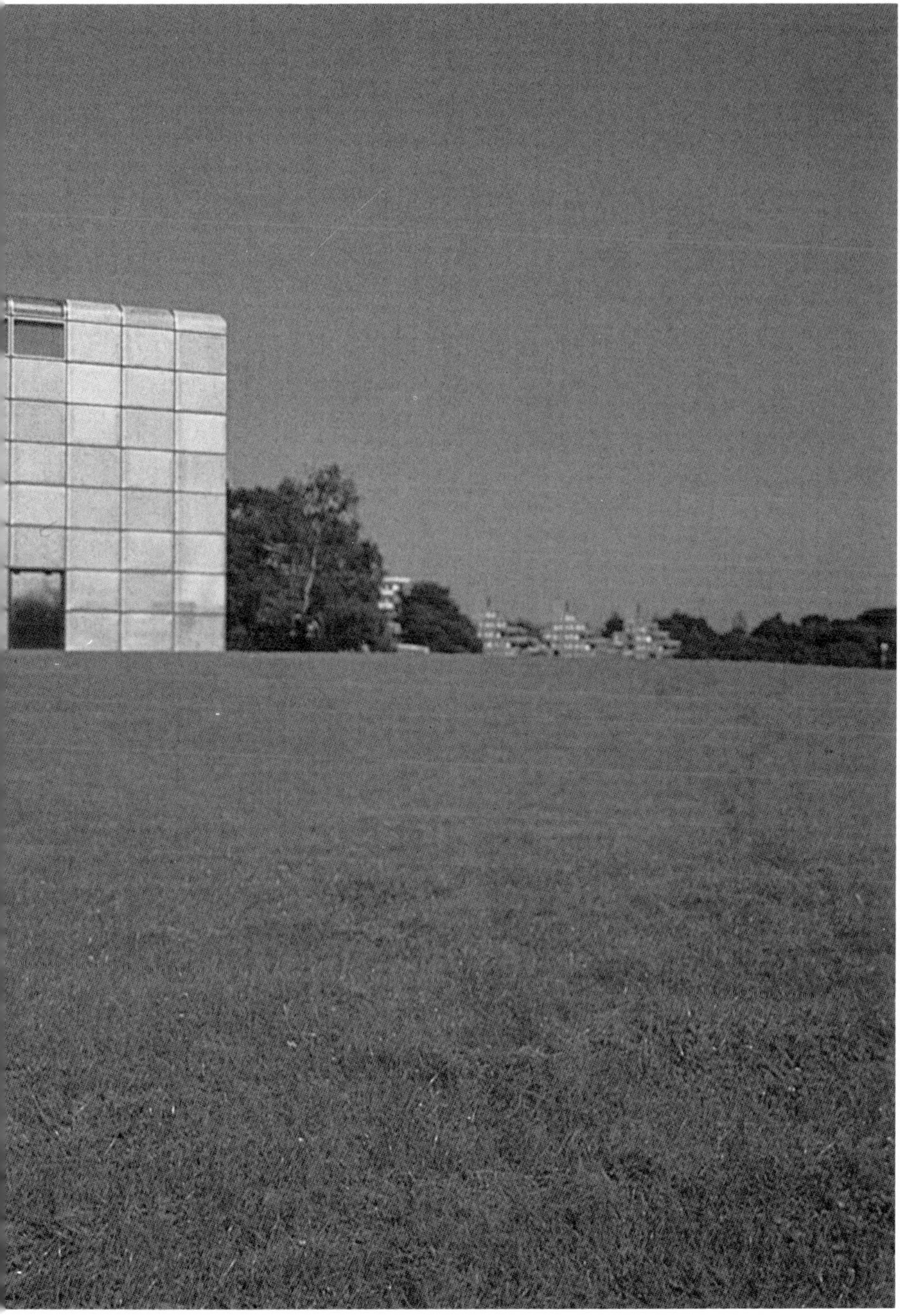

24 Gerüstzwischenraum mit entsprechendem Eingang.
25 Innenansicht des Museums.
26 Eine Ausgangszone, welche mit den transparenten Bereichen in der Fassade übereinstimmt.

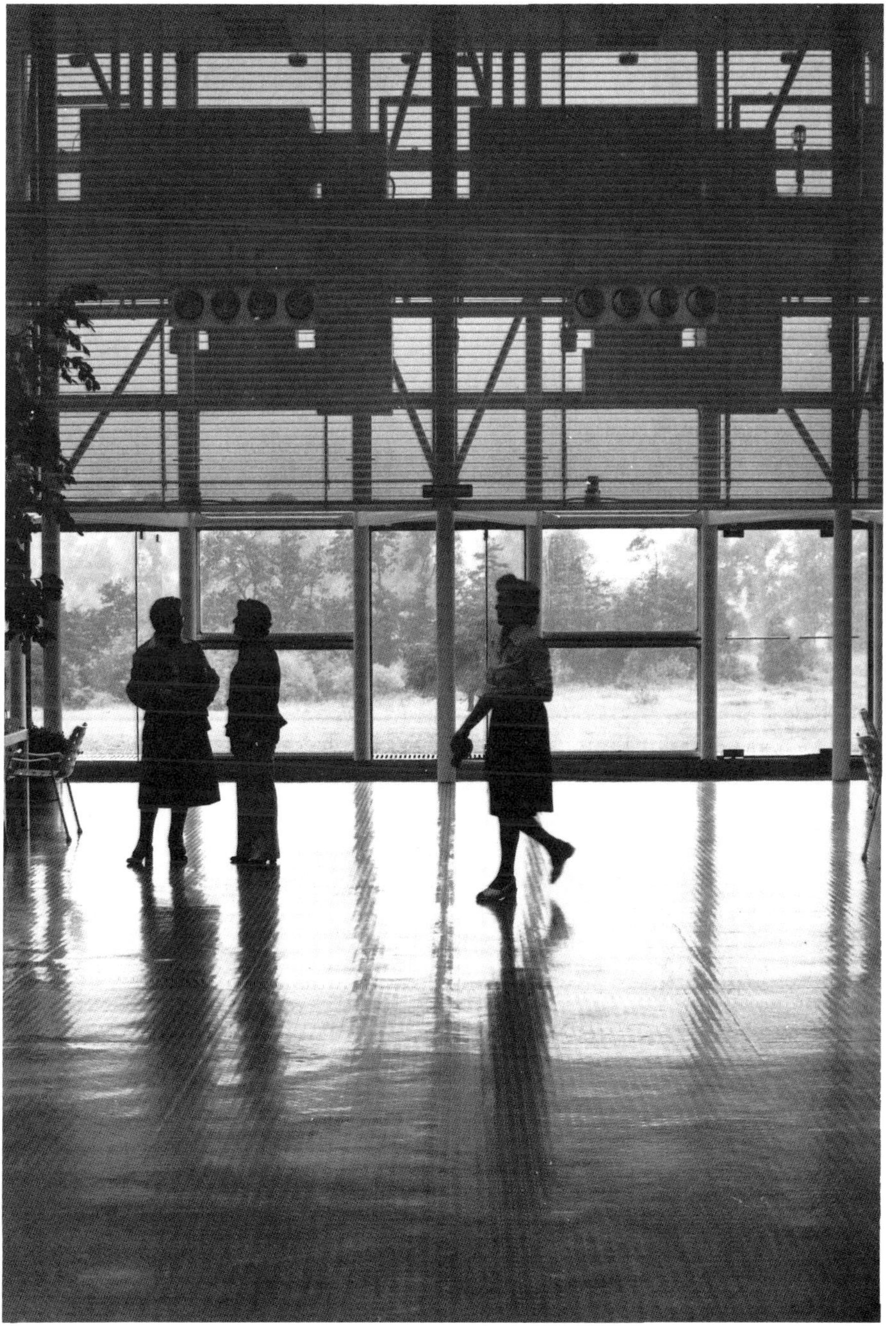

26

1976 Planung des Hafens St. Helier (Insel Jersey). Projekt.
Foster Associates.

Die Neuorganisation der Hafenzone basiert auf der bewußten Trennung der Verkehrsebenen (zu Wasser, mit Fahrzeugen und zu Fuß). Sie wurde bereits im Projekt für die Schiffahrtslinie Olsen an den Londoner Docks ausprobiert. Der neue Touristenhafen ist auf getrennten Ebenen organisiert. Ein höheres Fußgängerniveau verbindet den Landungssteg mit dem Zentrum von St. Helier, während die untere Ebene für den Warentransport, die Parkplätze und andere technische Operationen bestimmt ist.

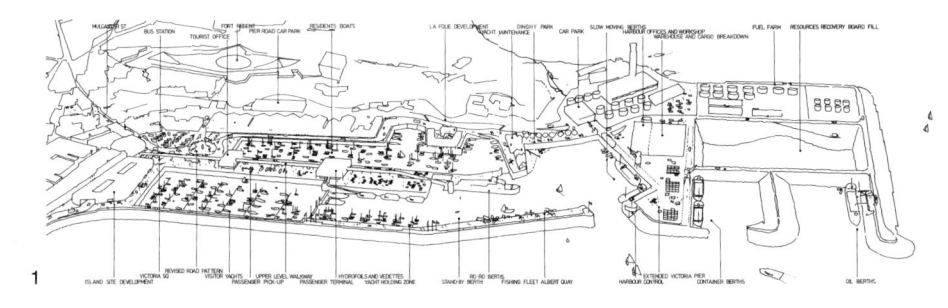

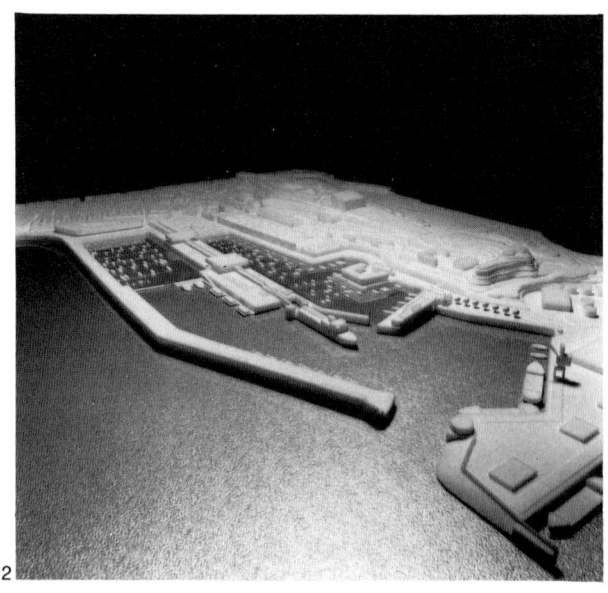

1 Vogelperspektive.
2 Modellansicht von oben.

3 Innenperspektive des Terminals.
4 Durchgang unterhalb des Terminals.

125

5 Magazine.
6 Promenade entlang des Hafens.

1977–1980   IBM-Technikpark, Greenford (Groß-London).
Foster Associates.

Der Technikpark stellt die erste Realisationsphase eines weitläufigen Industriekomplexes dar, welcher in der Nähe des Flughafens Heathrow gelegen ist. Die beiden großen Behälter sind durch einen schmalen, brückenartigen Fabrikkörper verbunden. Sie sind in ein rückgratartiges Verteilsystem mit Fußgängerwegen und Fahrstraßen, die auf verschiedenen Ebenen liegen, eingefügt. Die Besonderheit des Projektes liegt darin, daß die Gesamtzeit zwischen Entwurf und Realisation auf nur acht Monate Arbeit reduziert wurde. Tatsächlich gelangte das detaillierte Programm des Bauherrn zur endgültigen Definition, als bereits die Konstruktionsphase des Projektes begonnen hatte.
Die Gebäude, als *umbrella building* konzipiert, beherbergen recht verschiedene Tätigkeiten: Ausstellungsräume der Computer, Aufstellungszentrum, Administration, Direktionsbüros, Studienräume, Assistenzdienste, Laboratorien, Magazine und Lager, Restaurant und Freizeitbereich. Das kleinere Bauwerk besetzt den Sektor Nord des Grundstücks. Ein Raum von doppelter Höhe, der von den zwei Büroebenen getrennt ist durch eine zentrale Erschließungs-Achse. Die ganze Anlage ist moduliert: vom Stahlskelett im Raster von 8,1 × 9 m zu den Zwischenwänden, die mit Paneelen von 80 cm Breite gebildet werden, bis zu den Lösungen der äußeren Verkleidung aus Glas und profiliertem Wellblech. Die Glaswände bestehen aus rechteckigen Paneelen von 4 × 2,5 m. Der südlich gelegene größere Baukörper ist 12 m hoch und in zwei Teile geteilt. Der Magazinbereich hat eine Stahlstruktur im Raster von 8,1 × 27 m, während der Büroteil ein Betongerüst für die ersten zwei Geschosse und ein Stahlskelett für das letzte besitzt.
Wie für den größten Teil der von Foster bearbeiteten Werke dieses Typs, ist es auch hier möglich, jene grundlegenden Merkmale zu erkennen, die zur gewissenhaften Integration von Struktur, Dienstleistungen und Anlagen führen als Teile eines Raumsystems von größerem Ausmaß, das den umgebenden Kontext mit einbezieht.

1 Glaswand des Computerausstellungsraumes.

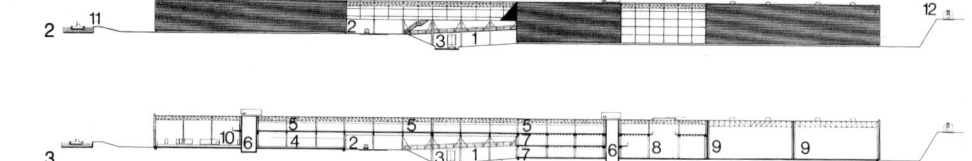

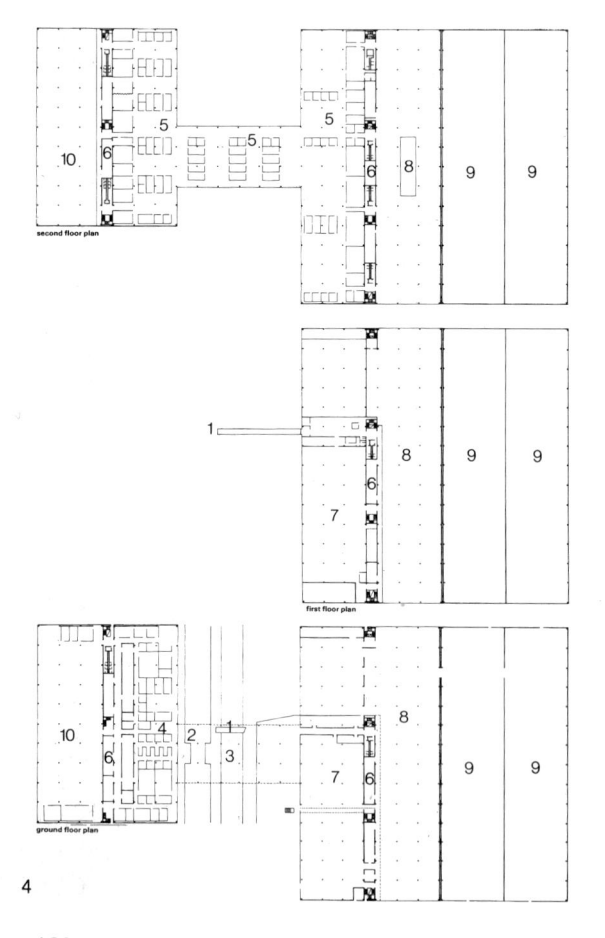

2 Ansicht.
3 Querschnitt.
4 Grundrisse Erdgeschoß, erstes und zweites Obergeschoß.
1 Eingangssteg.
2 Taxi- und Besuchervorfahrt.
3 Lastwagenfahrstraße.
4 Aufnahme, Empfang.
5 Büros.
6 Erschließungsachse.
7 Lager für kleine Bestandteile.
8 Warenladebereich.
9 Magazine.
10 Computeraustellungszone.
11 Grand Union Kanal.
12 Eisenbahn.

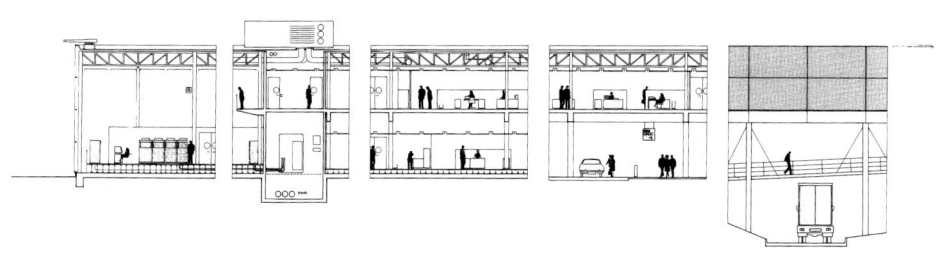

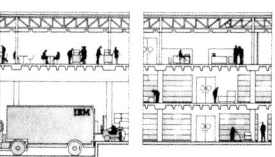

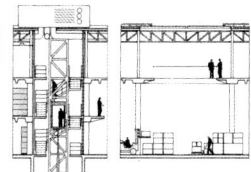

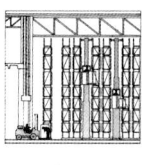

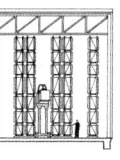

5/6 Schnitte durch verschiedene Raumbereiche.
7 Vogelperspektive von Westen.
 1 Untergrundbahn.
 2 Grand Union Kanal.
 3 Eingangskontrolle.
 4 Parkplatz.
 5 Fußgängerweg.
 6 Fahrstraße.
 7 Computersaal.
 8 Zentrale Erschließungsachse.
 9,13 Büros.
 10 Steg.
 11 Warenladebereich.
 12 Restaurant.
 14 Laboratorien.
 15 Magazine.
 16 Private Grünzone.

8

9

8 Brückenkörper.
9 Verbindung des Brückenkörpers mit der Glaswand.
10 Detail Brückenkörper.
11 Reflektionen der Spiegelwand.

1977–1980 Hammersmith Centre, London. Projekt.
Foster Associates: N. Foster, W. Foster, L. Butt, R. Fleetwood, S. De Grey, B. Harward, D. Morley, C. Maxwell, D. Nelson, K. Shuttleworth.

Das Projekt umfaßt eine Fläche von ungefähr 2,5 ha in einem Kreuzungspunkt des «borough» von Hammersmith zwischen dem West End und dem Flughafen Heathrow. Der Eingriff basiert auf der Neugestaltung und Entwicklung des Verkehrszentrums. In dieser Zone läuft der Verkehr auf Rädern und auf Schienen zusammen. Für ihn sind die tieferliegenden Ebenen des Baukomplexes bestimmt. Ein Podium ist über die Bahnhöfe gestellt. Es bildet eine «Plaza», die an den vier Seiten durch einen achtgeschossigen Gürtel für Büros und Dienstleistungsräume geschlossen ist. Der Platz ist Geschäften und Vergnügungsmöglichkeiten vorbehalten. Er ist durch eine durchsichtige Teflonmembrane überdacht. Sie ist mittels Stahlseilen an den vier gitterartigen Zwillingstürmen in den Eckpunkten des vierseitigen Baukomplexes aufgehängt. Energietechnische Überlegungen haben zur Wahl der Decke und zur Form der Anlage geführt.

1 Modellansicht von oben.
2 Perspektivische Skizze der Parkplatzebene.
3 Schnitt durch das Gebäude.

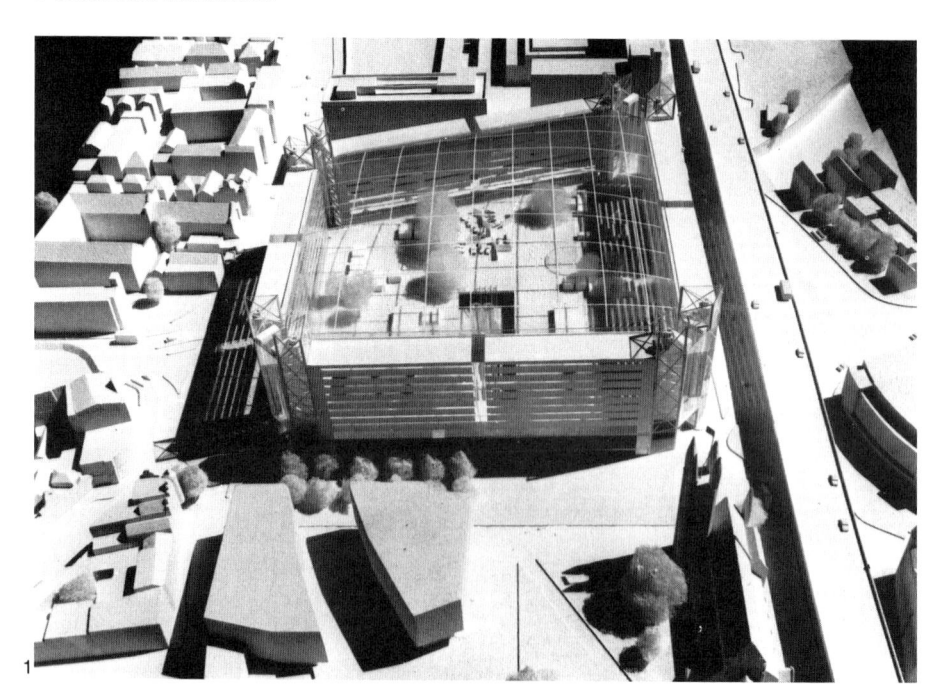

2

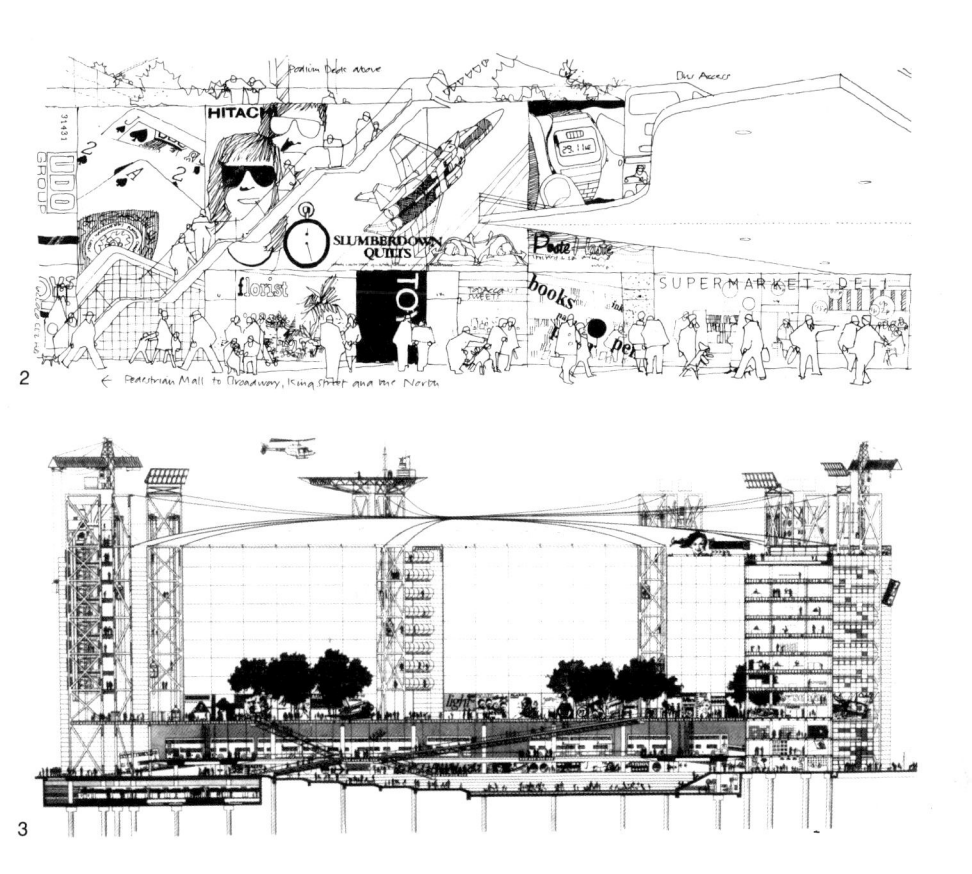

3

Das Zentrum, als riesiger urbaner Behälter konzipiert, stellt sich in die Tradition der großen überwölbten Räume jenseits des Ärmelkanals. Es suggeriert eine glückliche Neuinterpretation des Eindruckes «Stadt». Eine «Instant city», weniger vergänglich, aber ebenso vital und dynamisch – wo die Werbebilder, die sichtbaren Aufzüge, die Rolltreppen, ja die Zirkulationsmittel (Autobusse), die, während des Haltens, wie Ausstellungsobjekte wirken, aber wo vor allem die aufregende Präsenz der Leute dieser Architektur einen hohen kulturellen Wert verleihen.

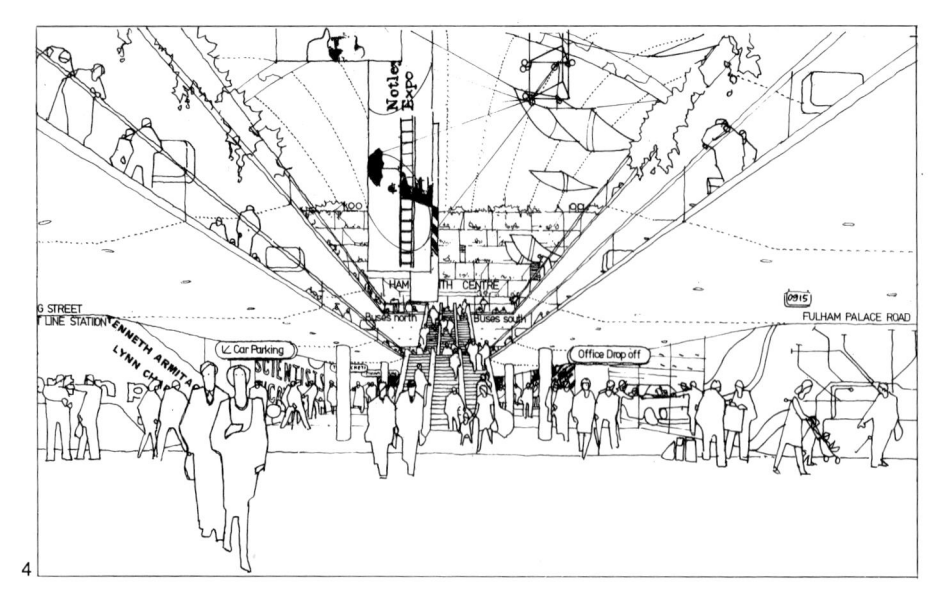

4 Innenperspektive zur überdachten «Plaza».
5 Grundriß U-Bahnebene.
6 Grundriß Parkplatzniveau.

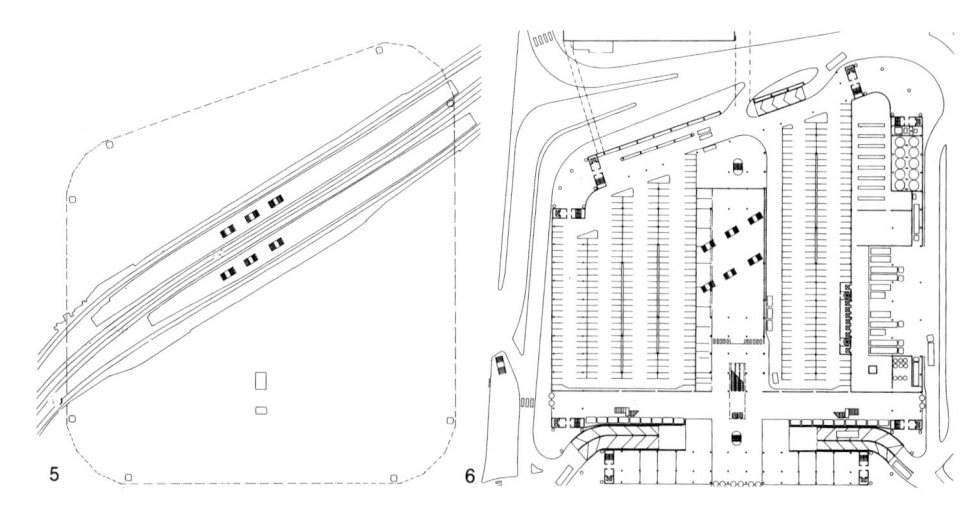

7 Perspektive der überdachten «Plaza».
8 Grundriß der überdachten «Plaza».
9 Grundriß Geschoßtyp mit Büros.

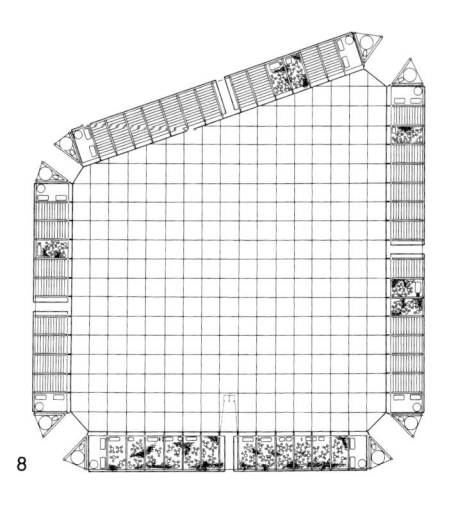

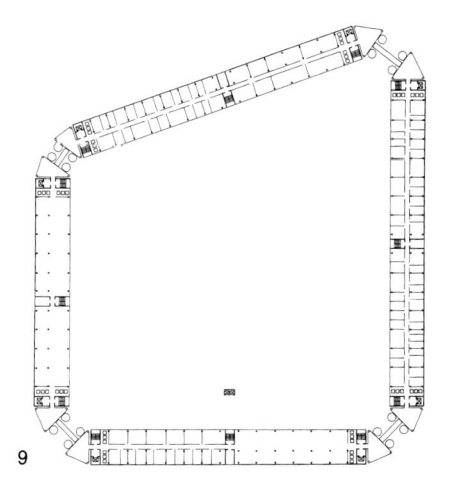

1978 Erweiterung des Whitney Museums, New York. Projekt.
Foster Associates in Zusammenarbeit mit Derek Walker Associates.

Der Erweiterungsvorschlag für das Whitney Museum grenzt an das Gebäude, welches von Marcel Breuer 1966 an der Madison Avenue errichtet wurde. Der geplante Wolkenkratzer besitzt einen Basisteil, der einem Strebepfeiler ähnlich ist und dieselbe Höhe wie das Museum aufweist. Er stellt dessen eigentliche Erweiterung dar. Die darüber liegenden Ebenen gliedern sich als drei Geschosse mit Geschäften, 25 mit Wohnungen, und die letzten zwei beherbergen Erholungsräume (mit Schwimmbad, Turnhalle, Restaurant usw.).
Die Struktur ist eine präzise Antwort auf die Bedürfnisse des Auftraggebers: Flexible Geschosse, stützenfrei, was die Erweiterung des Museums betrifft; punktförmiges Stahlskelett, das ökonomischere Element, für die Wohneinheiten, alle mit freiem Grundriß konzipiert. Die obersten Etagen sind mit einer großen gitterartigen Struktur überdacht. Die Zeichnung der Metallpaneele (matt und transparent) hebt das System der diagonalen Aussteifung des Turmes hervor.

1 Grundriß.
2 Grundriß Geschoßtyp für kommerzielle Nutzung.

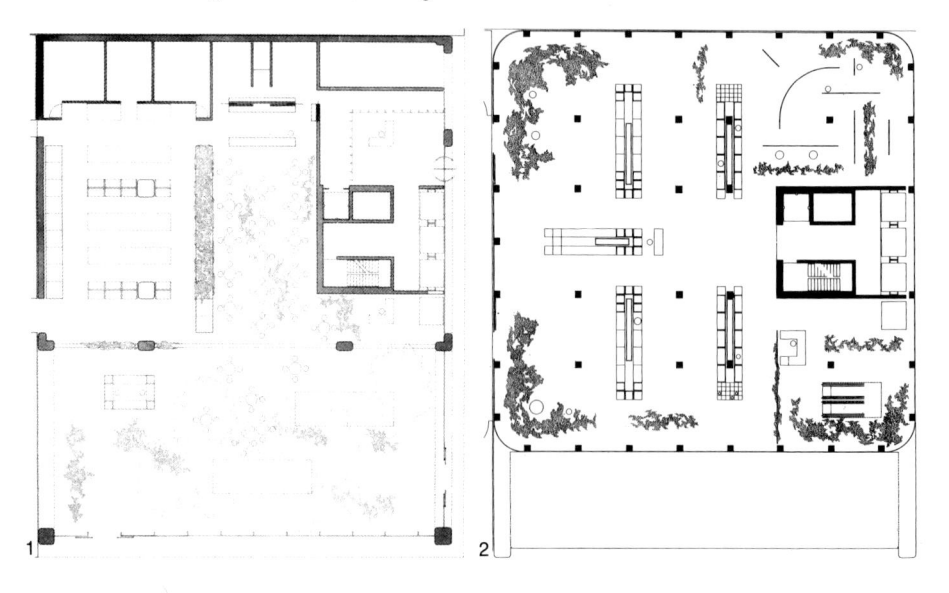

3 Modell des neuen Wolkenkratzers neben dem Museum von Breuer.
4 Grundriß Wohnungsgeschoßtyp.
5 Grundriß oberstes Geschoß mit Schwimmbad.

Auf der folgenden Seite:
6 Ansicht des Museums von der Madison Avenue.

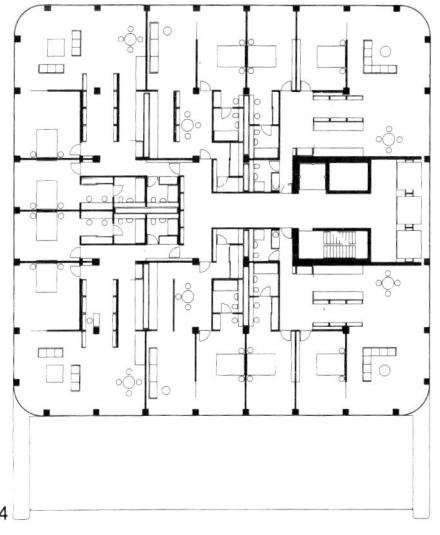

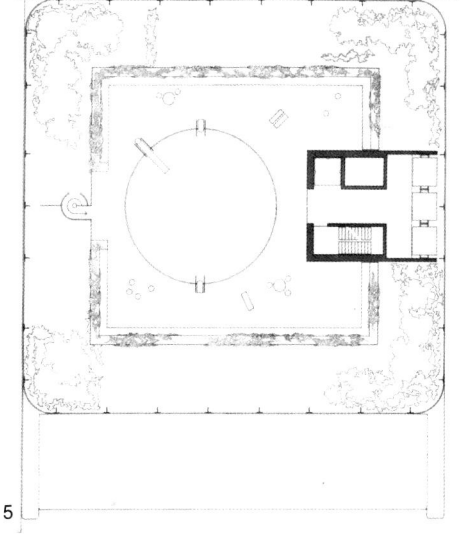

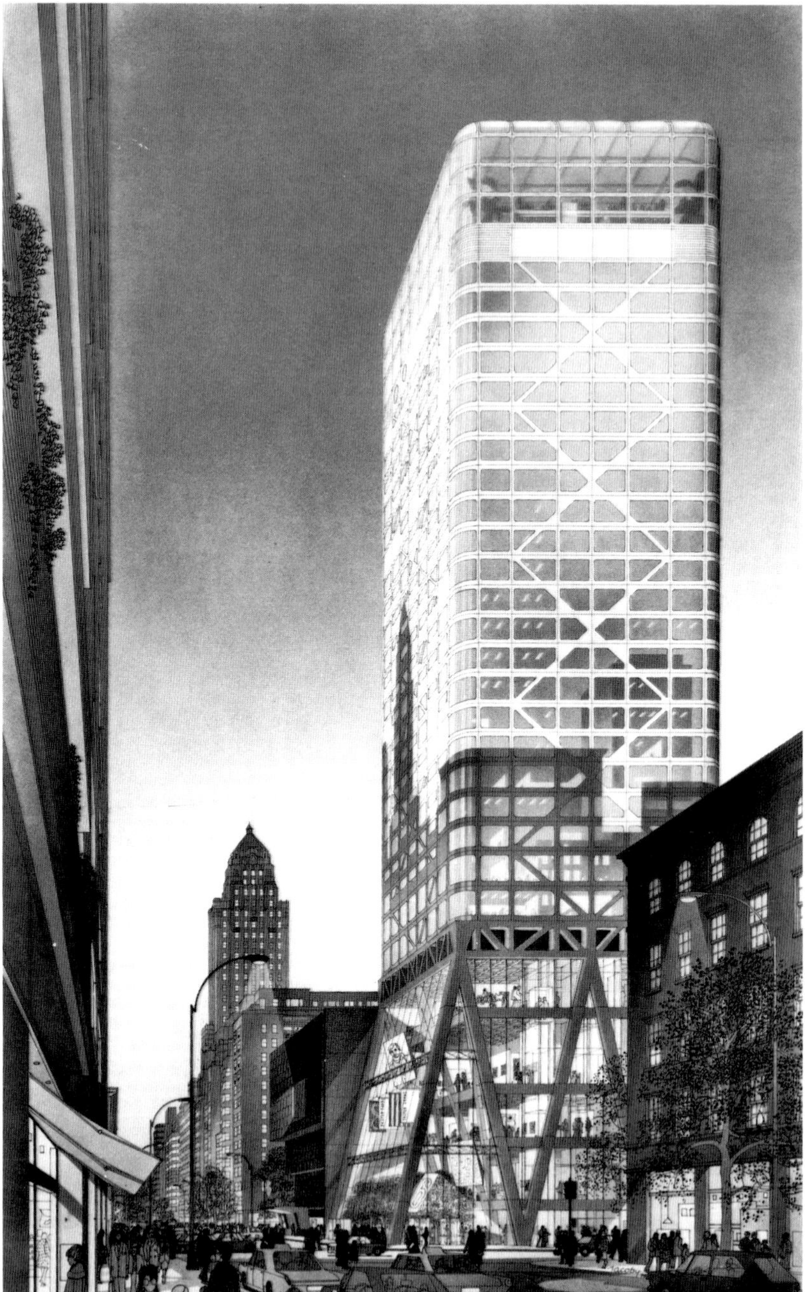

6

1978 Boutique für Joseph, London (Knightsbridge).
Foster Associates.

Mehrere Seiten wollen in diesem maßvollen, zurückhaltenden Umbau eine Hommage von Foster an die lichtvollen Räumlichkeiten der «Maison de Verre» von Chareau und Bijovet sehen. Der Bekleidungsladen der Joseph-Kette nimmt einen Eckraum im Erdgeschoß eines Gebäudes im King-Eduard-Stil ein. Der Abbruch der Innenausstattung brachte die Wiederherstellung des Raumes von doppelter Höhe. Er wird von durchgehenden Glasfenstern erhellt, die zwischen den Elementen der tragenden Mauer enthalten sind. Ein Steg aus Metallgitter, welcher auf halber Höhe um das ganze Lokal läuft, und die Stahlrohre der Wandgestelle bilden die raffinierten Zeichen des neuen Ladens. Der Entwurf ist auf die Verherrlichung des totalen und makellosen Raumes gerichtet. Die sorgfältige Farbwahl trägt dazu bei: weiß für die Mauern und den Gitterrost des Steges, bleigrau für die Stahlrohre und die Ausstellungsebenen, hellgrau für den Kunststoffboden.

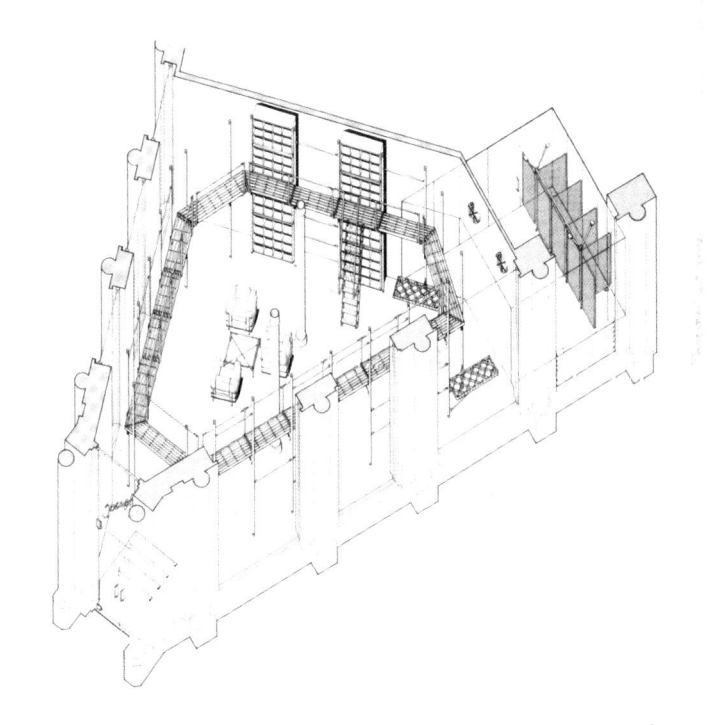

Axonometrischer Schnitt.

1978 Ausstellungspavillon für die International Energy Expo, Knoxville (USA). Projekt.
Foster Associates in Zusammenarbeit mit R. B. Fuller.

Es handelt sich um eine Hülle von großer Spannweite, die für ein einziges Ambiente mit Ausstellungsfunktionen bestimmt ist. Frei angeordnete Geschosse und Plattformen liegen auf verschiedenen Ebenen. Das Projekt sieht einen vollständig klimatisierten Raum vor, unter Anwendung von avantgardistischen Bautechniken und Raumüberwachungstechnologien. Konzeptmäßig nahe dem Projekt «Climatroffice», dem «Sainsbury Centre» und direkt abgeleitet von den geodätischen Kuppeln von Fuller, erforscht diese große Hülle die Anwendungsmöglichkeiten von Sonnenenergieanlagen zur Herstellung von elektrischem Strom für die Klimaanlage und die Beleuchtungskontrolle.

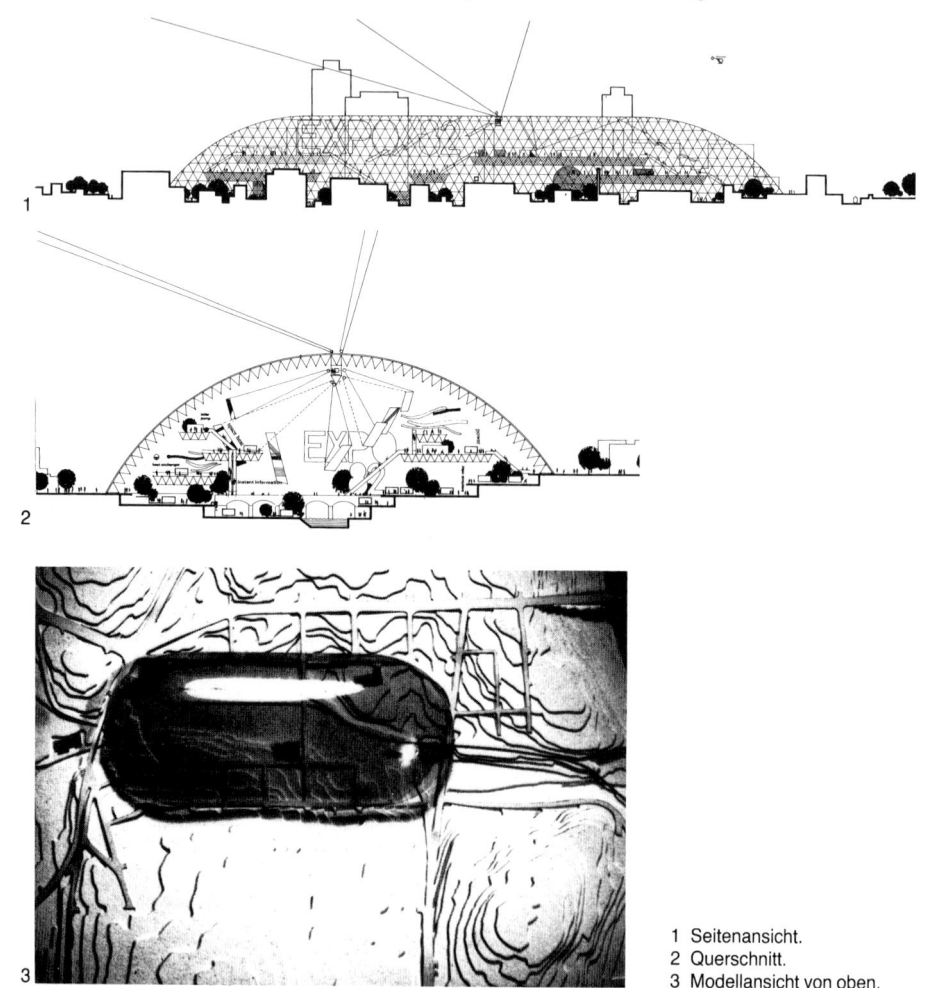

1 Seitenansicht.
2 Querschnitt.
3 Modellansicht von oben.

1978 Open House, Cwmbran (Wales). Projekt.
Foster Associates.

Es handelt sich um ein Projekt für ein Freizeitzentrum in der walisischen «new-town» Cwmbran. Die Planung erfolgte im Rahmen eines Programmes, das den besorgniserregenden Phänomenen der sozialen Zersetzung entgegenwirken sollte. Die ökonomische Krise und Arbeitslosigkeit nahmen in der Mitte der siebziger Jahre überhand und verursachten diesen Verfall.
Das Gebäude liegt im Zentrum der Stadt. Es bildet ein rechteckiges Prisma, welches 72 × 68 m an den Seiten mißt und 14 m hoch ist. Das durch die Metallstruktur umschlossene Volumen nimmt eine Vielzahl von Funktionen auf, unter denen die sportlichen einen besonders großen Raumanteil beanspruchen. Im Zentrum des Gebäudes liegt eine Eisfläche, um Schlittschuh zu laufen, welche für offizielle Wettkämpfe geeignet ist. Aber derselbe Raum kann auch für andere Veranstaltungen verwendet werden. Die weiteren Nutzungen sind an den Seiten des Gebäudes und auf drei Ebenen untergebracht, welche auf den weiten zentralen Platzraum vorspringen.
Von außen betritt man direkt das Zwischengeschoß. Es entwickelt sich wie eine Straße, die auf der einen Seite direkt auf die Bahn blickt und auf der anderen einer Reihe von öffentlichen Räumen, wie dem Pub, den Läden, Werkstätten, Ateliers und einer Radiostation dient. Auf der obersten Ebene befindet sich ein Restaurant.

1 Modellansicht.

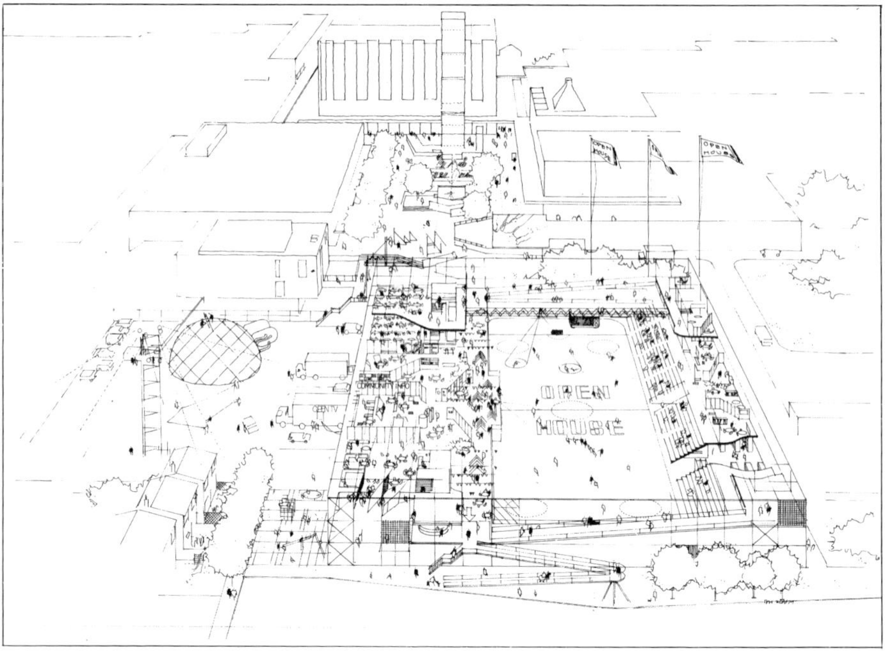
OPEN HOUSE
COMMUNITY INFO
OPEN TV
OPEN HOUSE

2

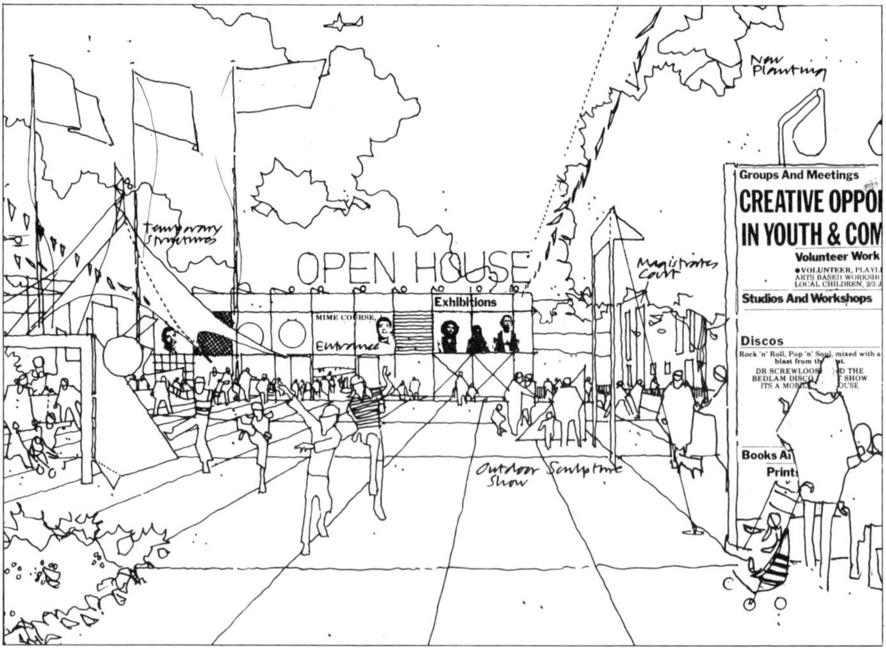
New Planting
Temporary Structures
OPEN HOUSE
Exhibitions
MIME COURSE
Entrance
Magistrates Court
Outdoor Sculpture Show
Groups And Meetings
CREATIVE OPPO
IN YOUTH & COM
Volunteer Work
Studios And Workshops
Discos
Rock 'n' Roll, Pop 'n' Soul, mixed with a
Books A
Prints

3

Als veränderbare Metallstruktur unter Beifügung von vorgefertigten Baueinheiten geplant, stellt das «Open House» eine ausdrucksstarke Einrichtung dar. Sie ist direkt von den Zielen der Flexibilität, der Ausdehnung und der Wandelbarkeit beeinflußt.

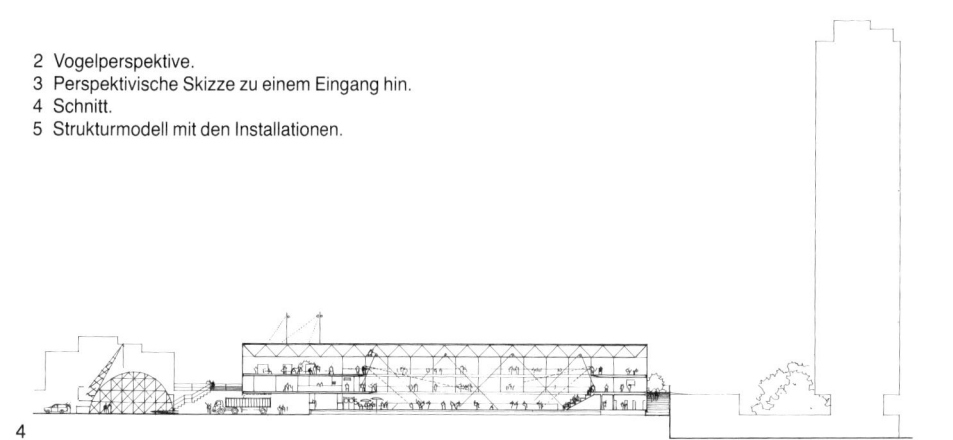

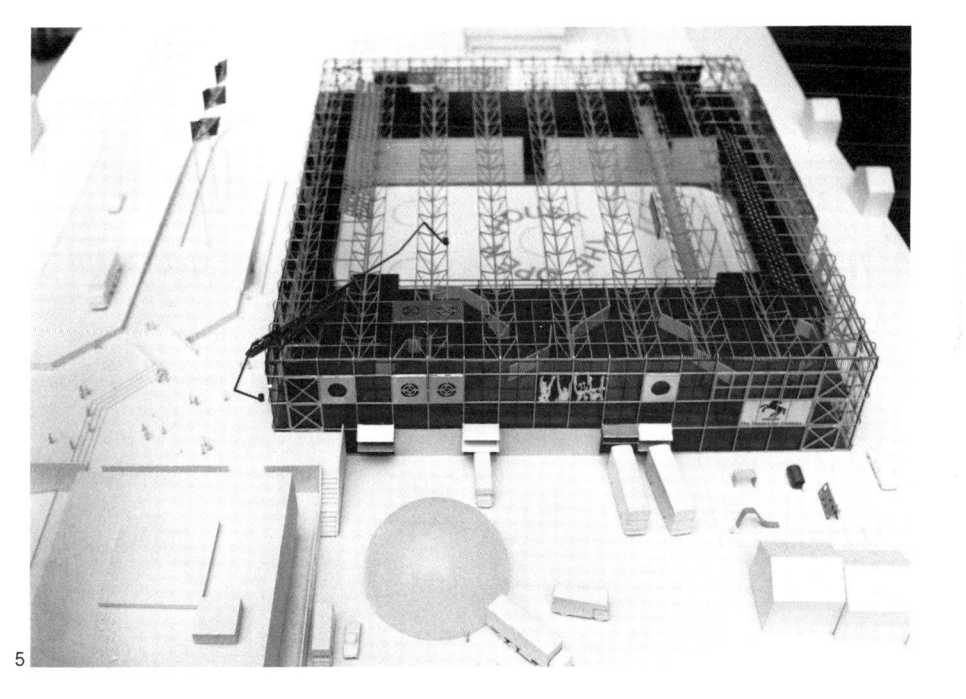

2 Vogelperspektive.
3 Perspektivische Skizze zu einem Eingang hin.
4 Schnitt.
5 Strukturmodell mit den Installationen.

1979 Freizeitzentrum für die Granada Ltd, Milton Keynes (Buckinghamshire). Projekt.
Foster Associates.

Ein leichtes und transparentes Dach ist an der äußeren Metallstruktur aufgehängt, welche nach einem rechtwinkligen Plan (75 × 50 m) aufgestellt ist. Der durch die leichte Hülle bedeckte Raum ist für Freizeiteinrichtungen bestimmt. Er beherbergt Restaurant, Kino, Diskothek, Squashhallen und den Bingo Club. Der Bereich zwischen der Hülle und dem äußeren Gerüst (15 m hoch) kann mit kleinen Läden belegt werden. Die Struktur selbst bildet mit ihren Ausmaßen einen großen Träger für Werbeplakate und grafische Groß-Experimente.

1 Modellansicht von oben.
2 Seitenansicht des Modells.

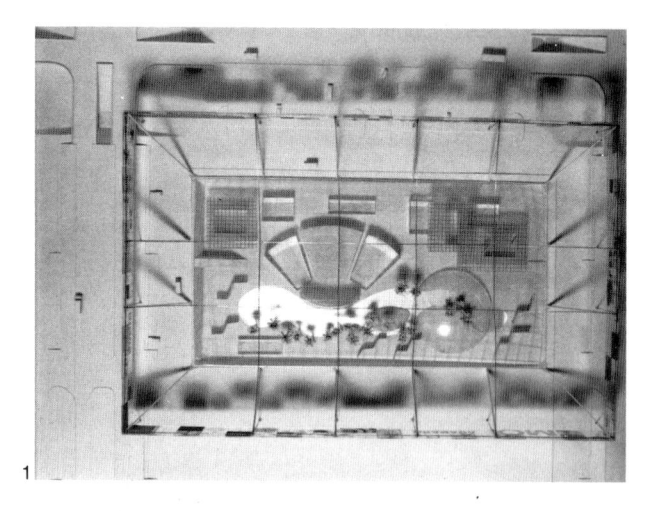

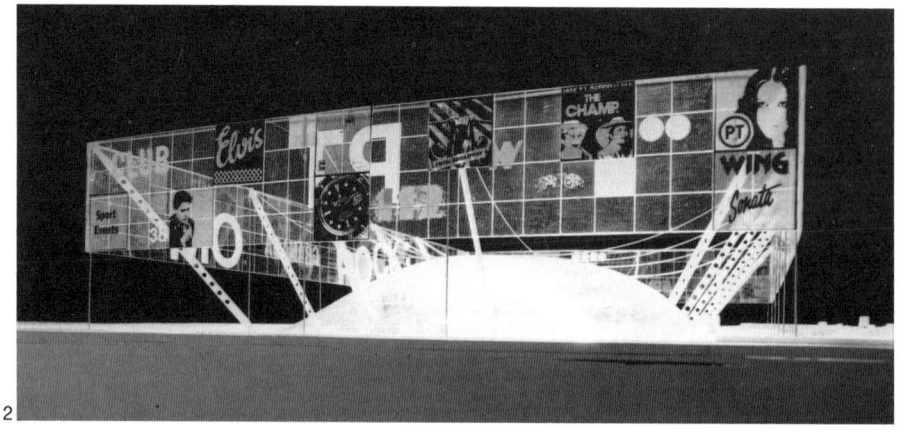

1979 Foster House, London. Projekt.
Foster Associates: N. Foster, W. Foster, P. Bushby, R. Horden, T. Pritchard.

Im Bereich des Wohnungsbaus erproben die Architekten die Konzepte der Austauschbarkeit von vertikalen Verschlußsystemen und der Anwendung von geeigneten Technologien für einen flexiblen Organismus. Die Balken und Stützen aus Aluminium – sie sind mit einer Reihe von Löchern leichter gemacht – bilden ein in den Boden eingespanntes Gerüst. Die Primärstruktur ist durch ein sekundäres Aussteifungsskelett aus Aluminiumröhren mit rundem und elliptischem Schnitt gesichert. Der Schnittpunkt der beiden Strukturen bildet ein Raster (1,2 × 1,2 m), worauf die verschiedenartigen Verkleidungselemente je nach funktionalen Notwendigkeiten der einzelnen Wohnräume angebracht sind (einschnappend oder mit Bolzen). Es wurden matte, durchsichtige und durchscheinende Paneele untersucht, sei es für die senkrechten Wände oder für das Dach. Einige Paneele enthalten die Beleuchtungsanlagen oder die Sonnenkollektoren. Die verschiedenen technischen Installationen sind in Hohlböden untergebracht. Für diesen Entwurf wurden Experimente mit Strukturmodellen und mit einigen Bestandteilen in Originalgröße ausgeführt.

Modellansicht.

1979–1986 Sitz der Hongkong & Shanghai Banking Corporation, Hongkong (Statue Square).
Foster Associates.

Mit dem Projekt der Hongkong-Bank erreicht Norman Foster den bereits im «Sainsbury Centre» angekündigten Wendepunkt, der eine, wenn auch nicht definitive Überwindung der minimalistischen Periode verkörpert. Der offen gezeigten Tragstruktur ist ein starker figurativer Ausdruck zugewiesen. Er ist von einer organischen und überschwenglichen Gestaltung, einer Synthese von Vorstellungen der historischen Avantgarde (von den Futuristen zu den Konstruktivisten) und jenen von Archigram, begleitet. Sinnbilder, die auf eine außerordentliche Weise verwirklicht werden.
Die Suche nach verfeinerten konstruktiven und der Raumüberwachung dienenden Technologien ist mit dem Experimentier- und Erneuerungswillen gepaart, der in Fosters gesamtem Werk konstant in Erscheinung tritt. Es besteht kein Zweifel, daß die Hongkong-Bank einen grundlegenden Schritt in der Entwicklung des Wolkenkratzers darstellt. Alle über diesen Typus erworbenen Gewißheiten werden wieder zur Diskussion gestellt: Da, wo sonst im Zentrum des Planes der «blinde Kern» der Speisung des Turmes war, verschwindet er hier, um einem phantastischen Innenhof Platz zu machen. Er ist von oben erhellt durch ein mobiles System, welches das Tageslicht faßt. Die Idee ist vom Entwurf der Büros in Vestby abgeleitet. Alle Nebenräume und Installationen sind

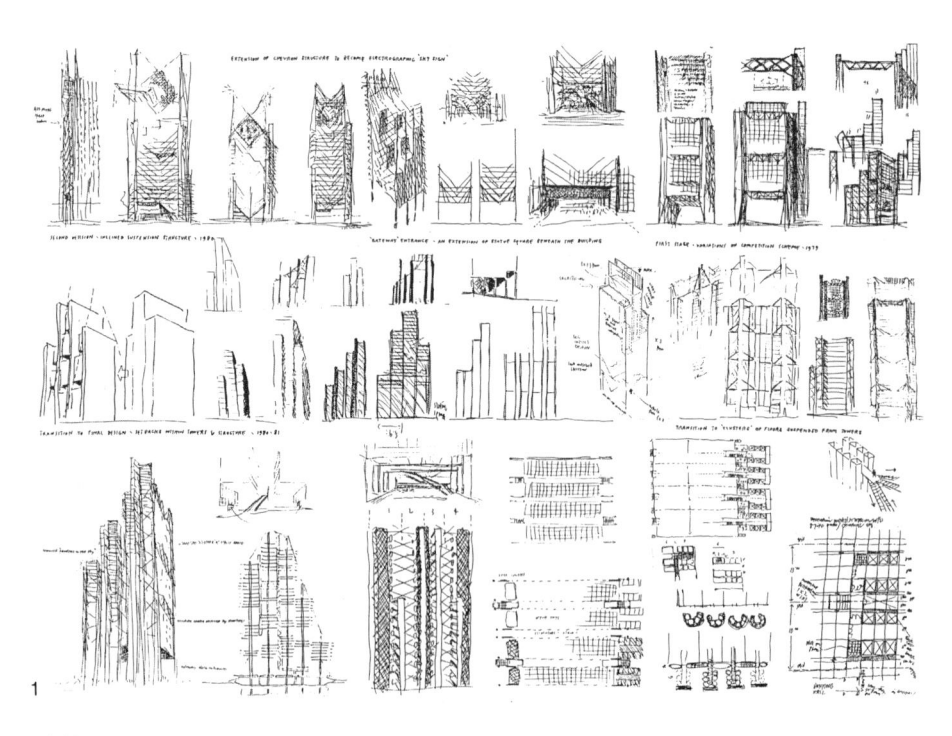

1

1 Entwurfsskizzen.
2 Modellansicht.
3/4 Fotomontagen.

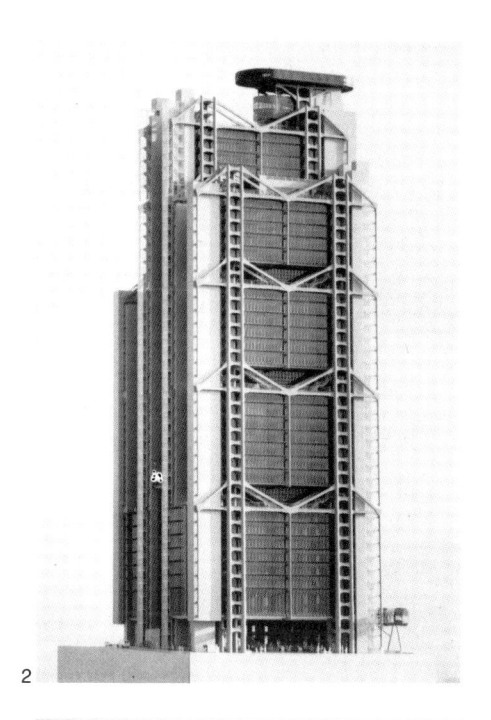

außerhalb des Zentrums angeordnet und nach außen gerichtet. Der klassisch aufgefaßte Sockel existiert nicht mehr, die Konstruktion wird durch vier gigantische Stützen im Gleichgewicht gehalten. Sie bewirken, daß der Raum des davorliegenden Platzes frei unter ihnen fließt, sich im hohen dramatischen Innenraum verdichtend: das Atrium wird von Rolltreppen durchquert und von den darauf blickenden Büros belebt.
Die Komplexität der Anlage wird von einer außerordentlich klaren Erschließung dominiert, welche durch fortwährende Einfälle bereichert ist. Die Struktur verdeutlicht die Hierarchie der «dienenden und bedienten Räume». Sie stabilisiert ihrerseits die volumetrische Gliederung des Gebäudes, die durch die Annäherung und Juxtaposition dreier Scheiben von verschiedener Höhe (28, 41 und 35 Geschosse) entsteht. Jede Scheibe wird durch Geschoßgruppen gebildet, welche mittels eines Ankersystems an den vier Hauptstützen aufgehängt sind. Jede Gruppe ist von der folgenden durch eine

5 Schnitt des Statue Square.
6 Lageplan.

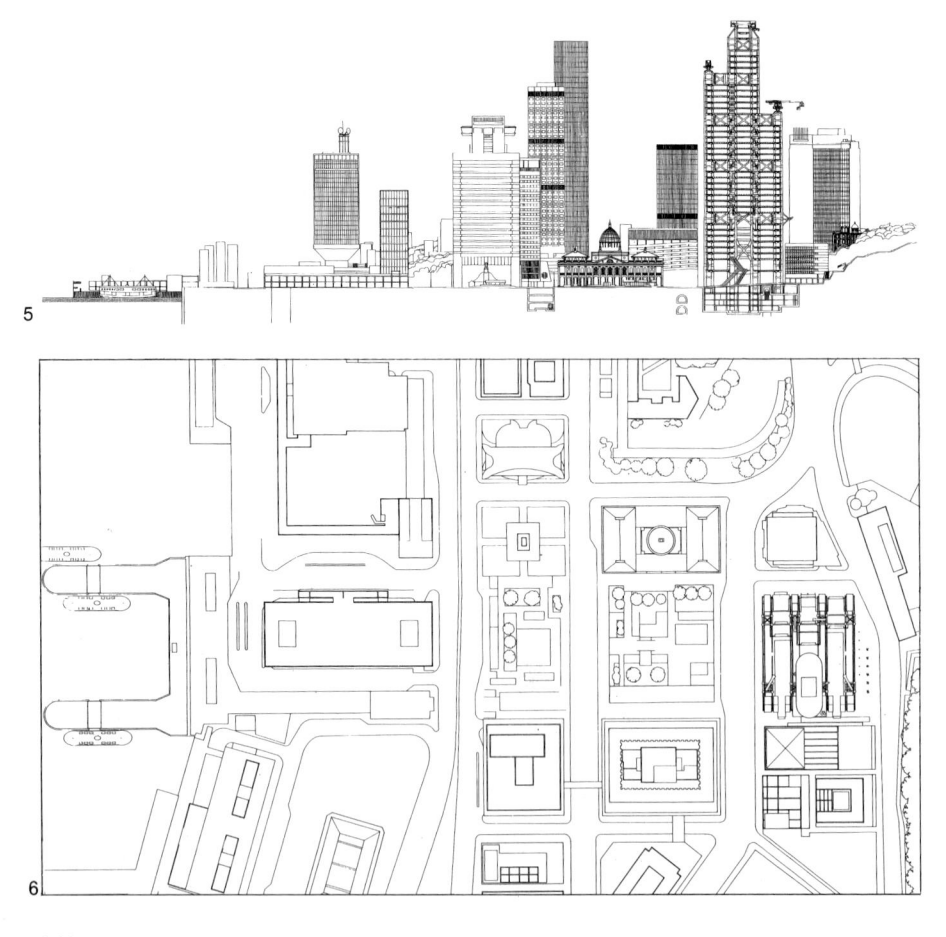

Ebene von doppelter Höhe getrennt, wo sich die Empfangsräume, jene für gemeinsame Veranstaltungen und die Grünzonen befinden. Das Dach des obersten Volumens ist mit einer Helikopterplattform versehen. Die metallene Tragstruktur ist aus vorgefertigten Komponenten errichtet, wie auch jeder andere Teil des Gebäudes. Die besondere Beschaffenheit des Baugrundes und die hohe bauliche Dichte haben die Ausführungs-Techniken und die gesamte Organisation der Baustelle bestimmt. Die Stützen haben während der Bauphase als Rahmen für die acht Kräne gedient, die den Wolkenkratzer erstellt haben. Die gesamte Struktur ist in feuerhemmende Verkleidung gehüllt. Sie wurde mit einem metallenen Aufbau bedeckt, der die ursprüngliche Schlankheit des Tragskeletts robuster gemacht hat.

Fosters Projekt ging als Sieger aus einem auf sieben internationale Architektengruppen beschränkten Wettbewerb hervor.

7 Der Wolkenkratzer im Bauzustand (März 1984).
8 Der fast vollendete Wolkenkratzer.

9 Der Querschnitt Nord-Süd zeigt deutlich das Auffangsystem für das Sonnenlicht, um das Atrium mit Tageslicht zu erhellen.
10 Blick in das große Atrium.

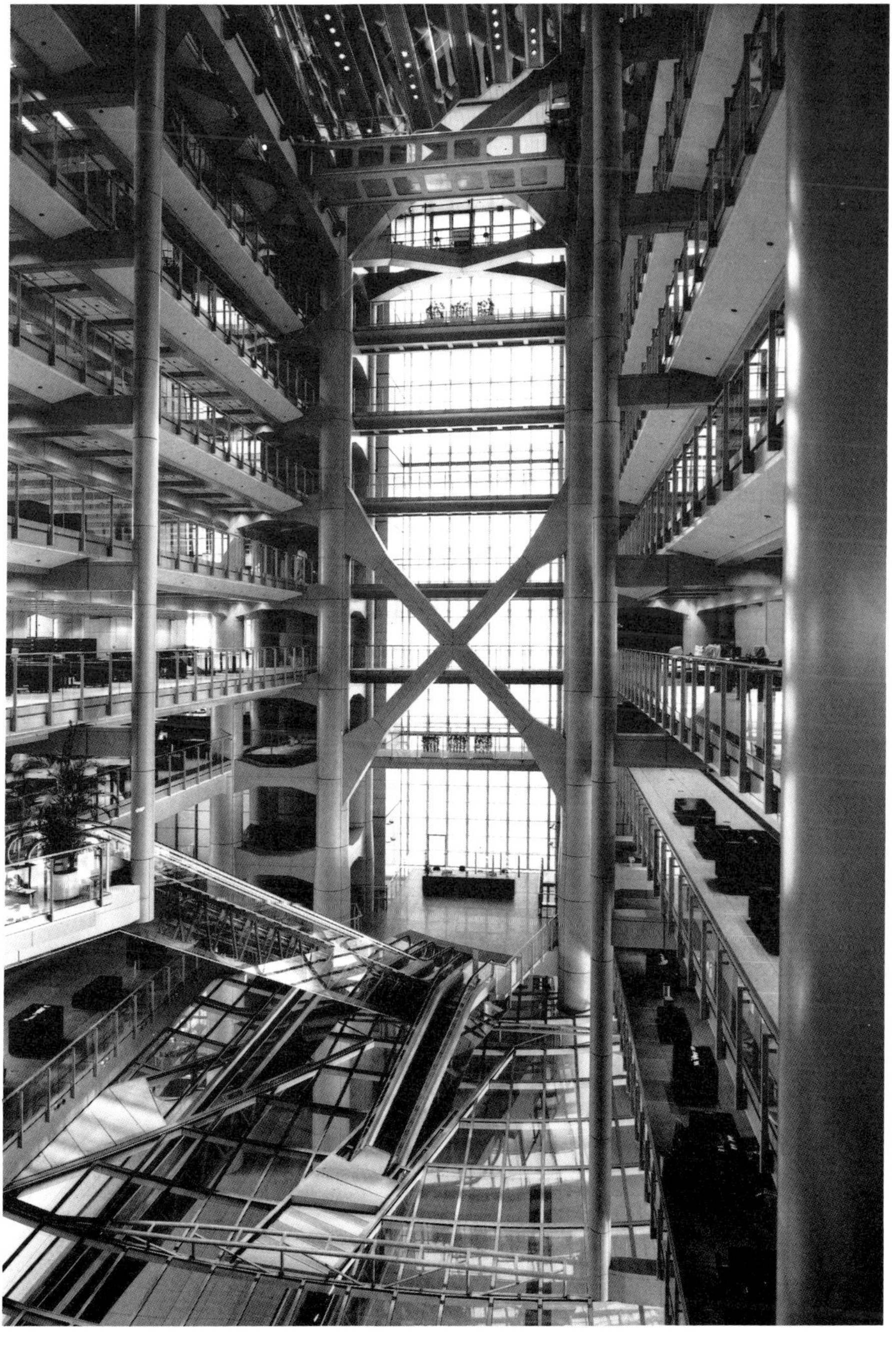

0

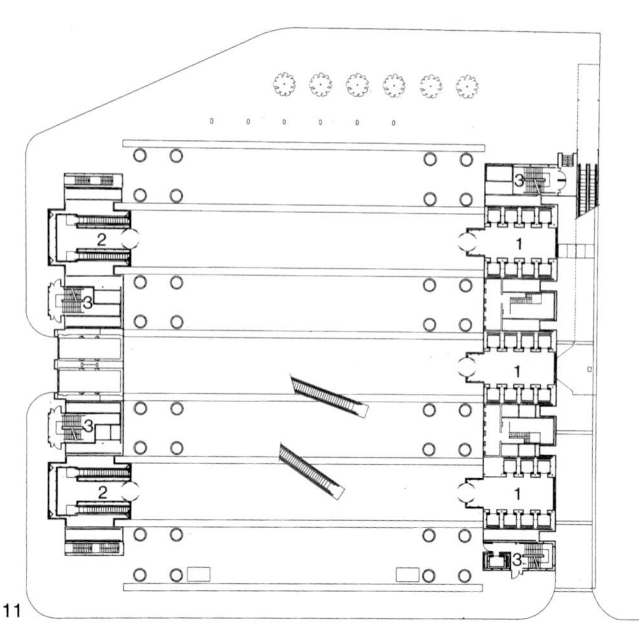

11 Grundriß der «Plaza»-Ebene.
1 Aufzüge.
2 Rolltreppen.
3 Fluchttreppen.
12 Grundrißtyp im 15. Geschoß.
13 Grundriß des letzten Geschosses.

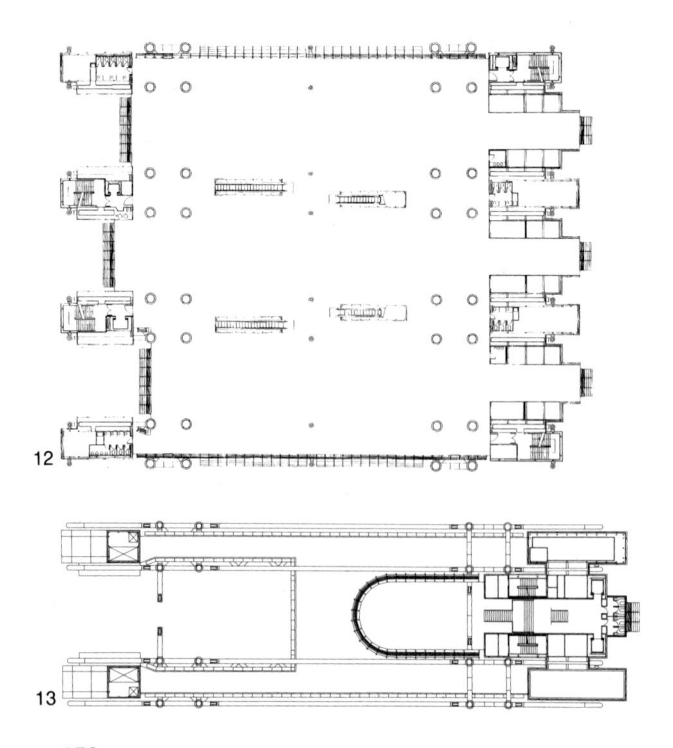

14 Grundrißtyp im 30. Geschoß.
15 Dachaufsicht.
16 Das Gebäude im städtischen Kontext.

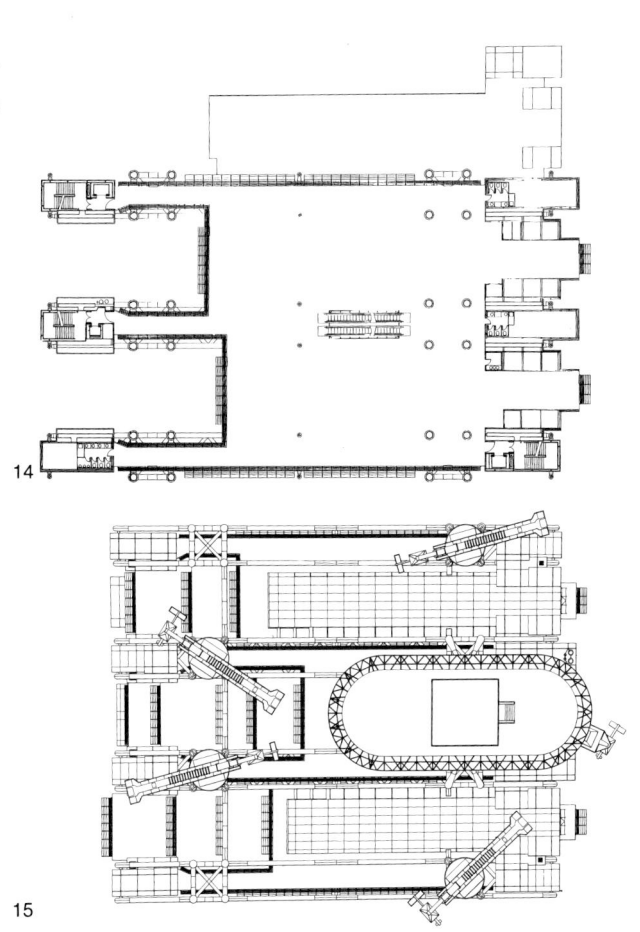

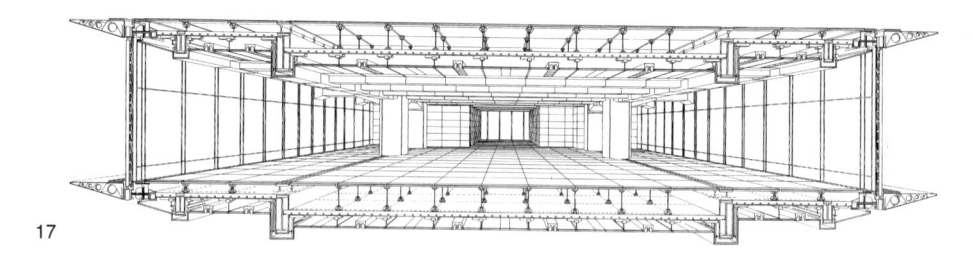

17 Perspektivischer Schnitt eines Raumtypes für Büros.
18 Bestandteile der äußeren verglasten Wand.

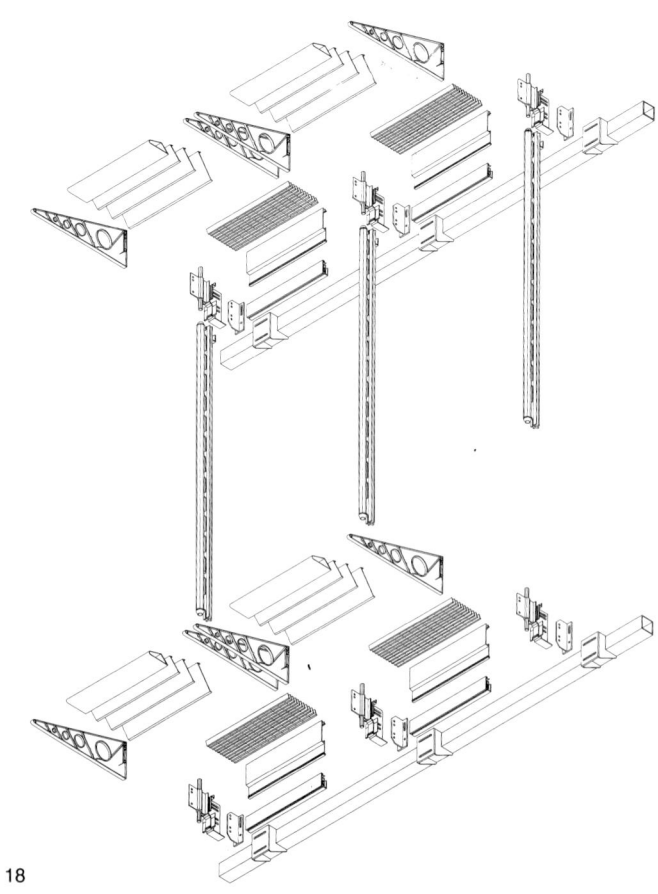

19 Schnitt Ost-West entlang der zentralen Scheiben.

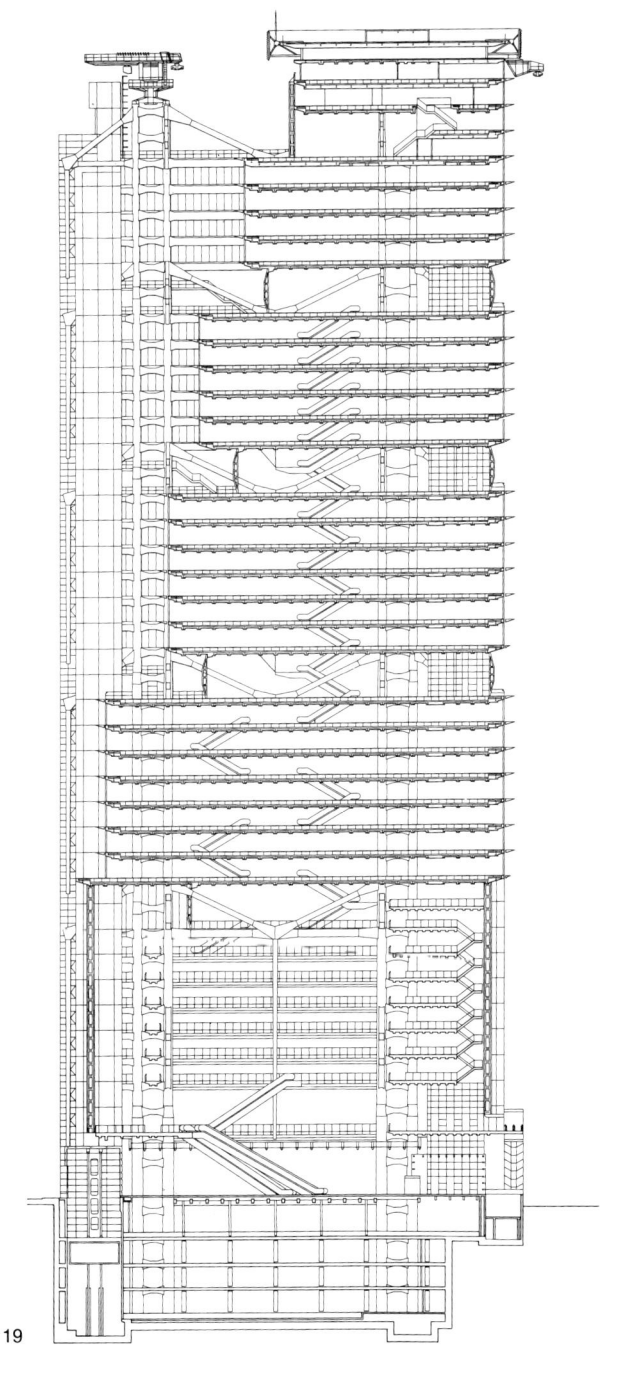

20 Nordansicht auf Statue Square.

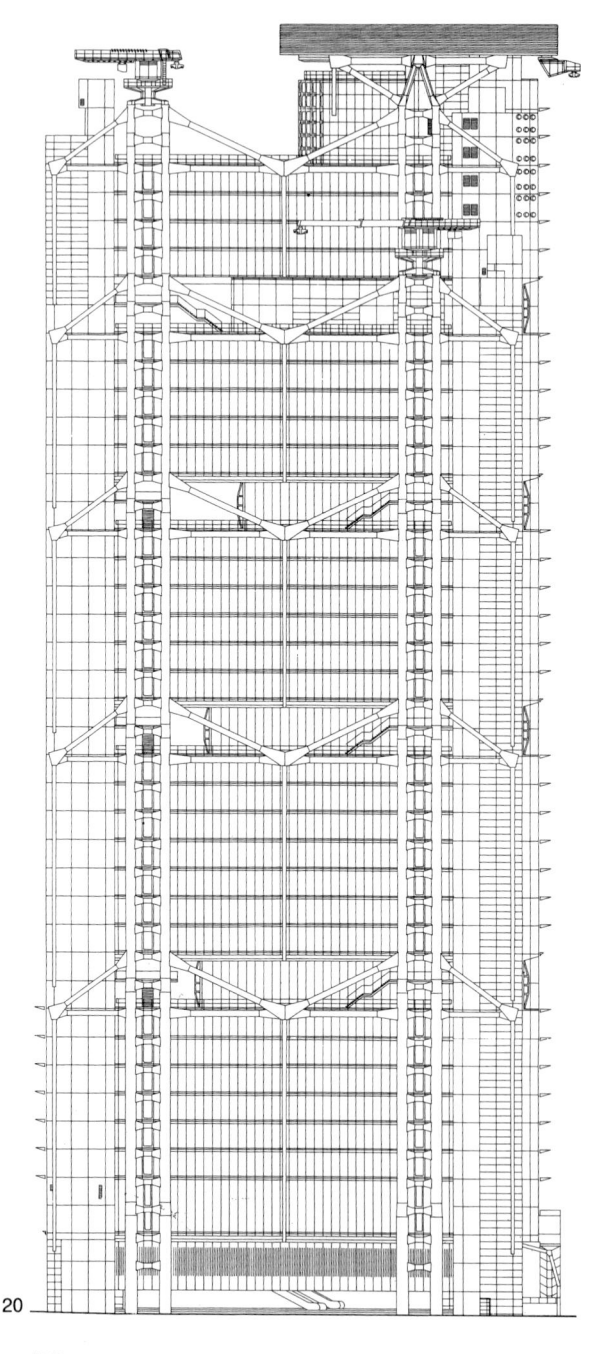

21 Ansicht der Westfassade.

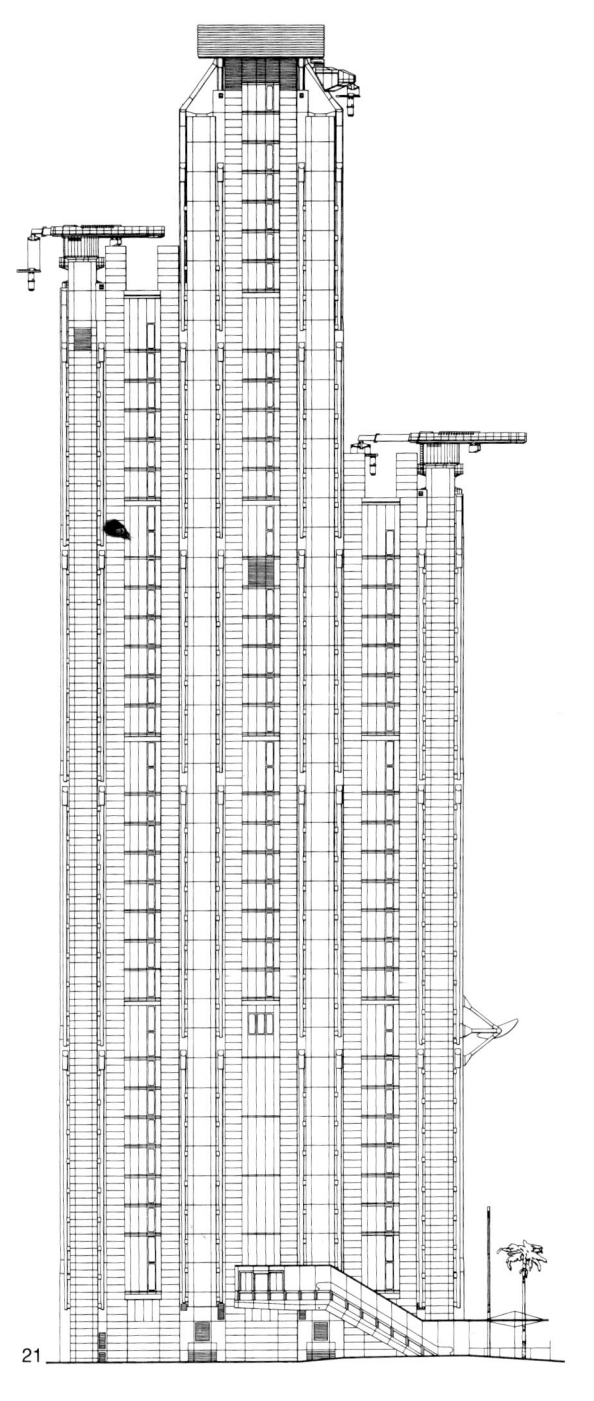

1980 Sportzentrum Students Union, University College, London (Gordon Street). Projekt.
Foster Associates.

Der Entwurf sieht den Wiederaufbau einer durch die Bombardierung des letzten Krieges zerstörten Fläche durch eine sportliche Mehrzweckanlage vor. Sie befindet sich oberhalb von einigen Gemeinschaftseinrichtungen. Der Komplex beschließt die deutlich gegliederte Gestaltung eines bestehenden Studententheaters. Dadurch wird ein System von neuen urbanen Räumen geschaffen. Dazwischen liegt ein Hof, den man von der Straße her betritt. Die Passage stellt eine Verbindung zwischen alter und neuer Bausubstanz her.

1 Modellansicht: Eingang an der Gordon Street.
2/3 Querschnitte.
4 Grundriß Erdgeschoß der neuen Anlage und der vorhandenen Bauten.

2

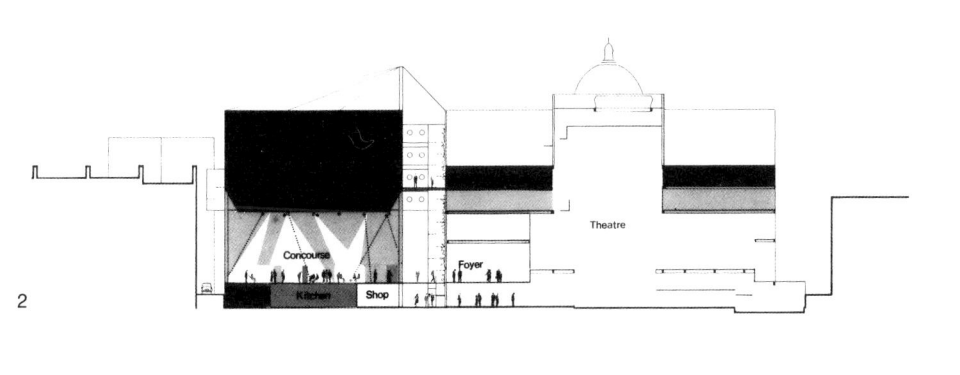

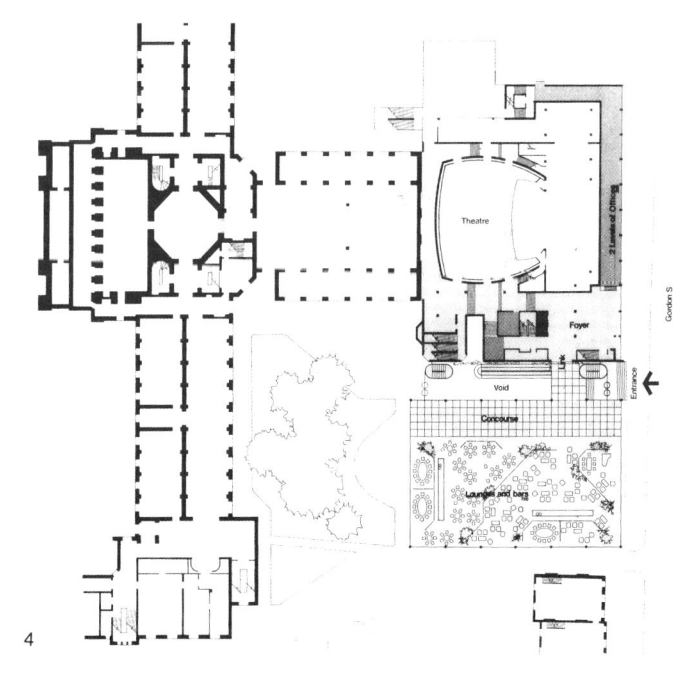

3

4

1981 Leichtathletikhalle, Frankfurt am Main. Wettbewerbsprojekt (Erster Preis).
Foster Associates.

Das Projekt ist als Sieger aus einem Wettbewerb auf Einladung hervorgegangen. Es scheint den Entwicklungsprozeß der Fosterschen Poetik fortzuführen, die mit dem «Sainsbury Centre» begann. Mit diesem gemeinsam hat es den technologischen Ansatz der Integration von Struktur, Nebenräumen, Installationen und Form, um die ausdrucksvolle Ordnung des Organismus zu definieren. Das Bauwerk ist mit einer netzartigen Metallstruktur überdacht. Das Tonnendach hat eine Spannweite von 70 m und ist 140 m lang. Die große Tribüne ist auf ein Betonfundament gestellt, welches in die aufgeschüttete Erde eingelassen und mit Pflanzen bedeckt ist. Es ist als ein System von dreidimensionalen Elementen mit dreieckigem Fuß geplant. Die doppelte Schicht (innen und außen) des Gewölbes ist mit Paneelen verkleidet. Sie sind austauschbar und verschiedenartig zusammengesetzt, um den niedrigsten Energieverbrauch zu erzielen. Dazu tragen auch die volumetrische Form und das teilweise Einlassen des Gebäudes in den Boden bei.

1–3 Schnitte.
4 Innenraumperspektive.
5 Kopflösung mit den durch das Vordach geschützten Eingängen.

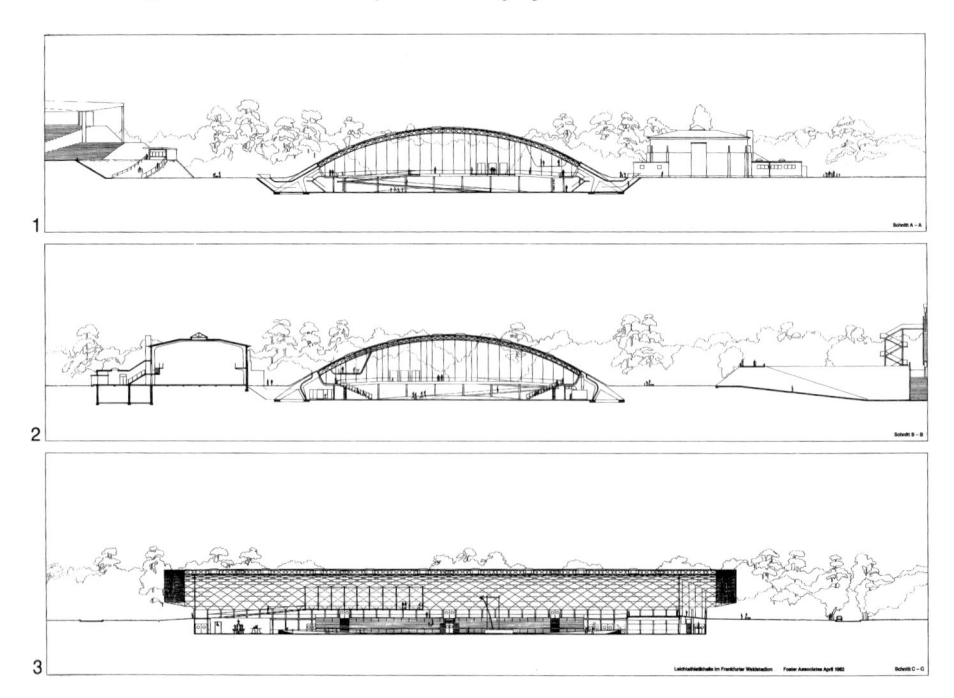

161

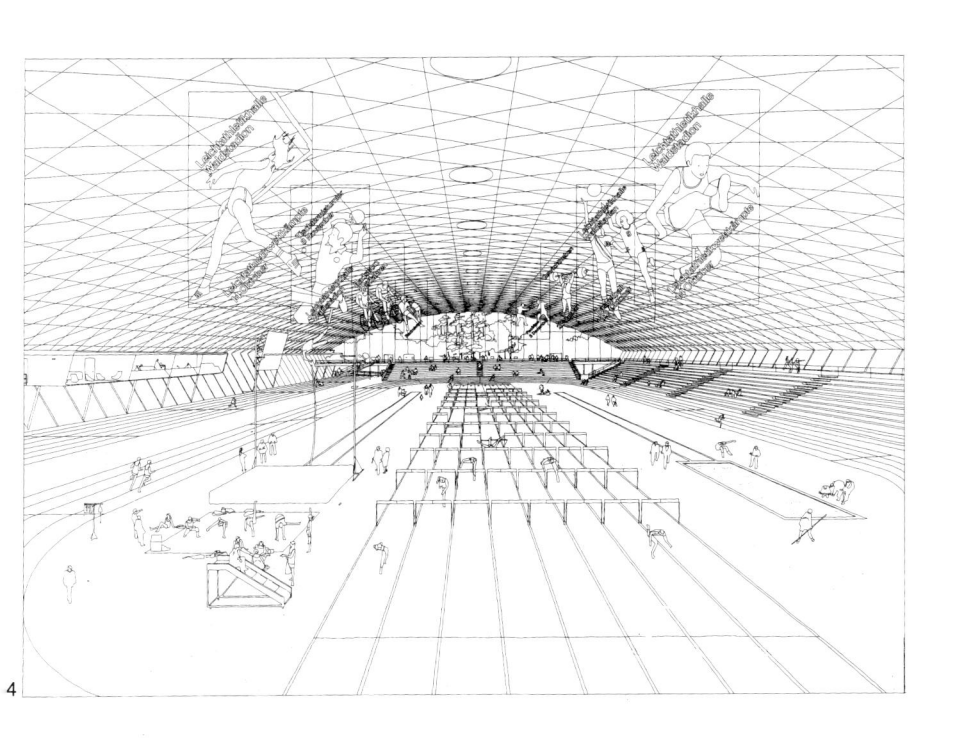

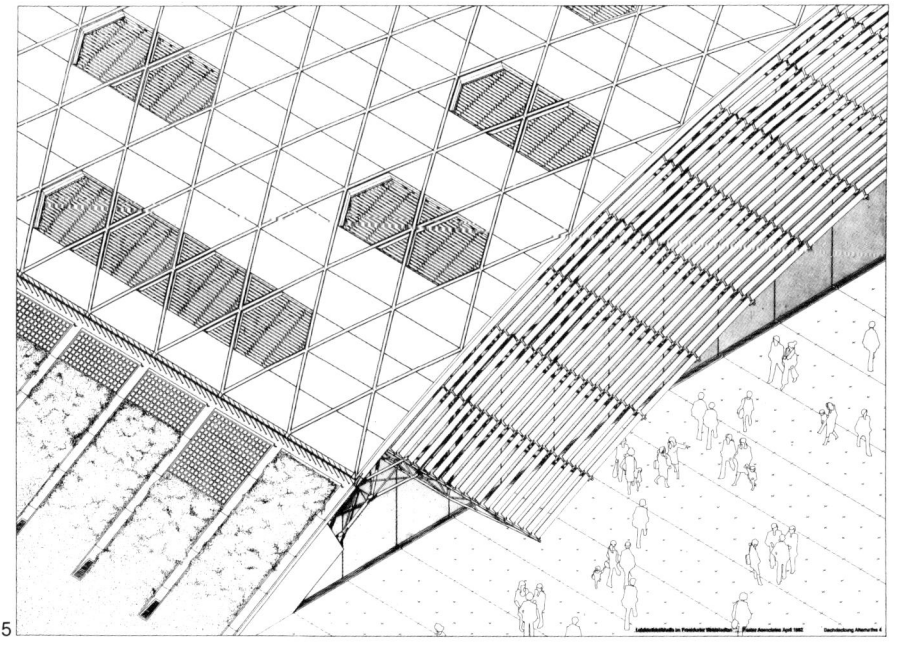

Fünf Paneeltypen sind vorgesehen. Im durch sie geschlossenen Zwischenraum liegt das Installationssystem der verschiedenartigen Klimaüberwachungsanlagen. Die Fassaden der beiden Kopfseiten sind wie beim «Sainsbury Centre» vollständig verglast und durch breite Vordächer geschützt. Unter ihnen öffnen sich auf der einen Seite die Eingänge für das Publikum und auf der anderen jene für die Sportler. Die Wettbewerbsausschreibung sah neben der Nutzungsflexibilität der Anlage die Möglichkeit vor, eine variable Zuschauerzahl bis zu einem Maximum von 3 000 unterzubringen. Zu diesem Zweck sind auf den vier Seiten der Halle angelegte, einziehbare Tribünen vorgesehen.

6 Modellansicht von innen.

1981 Mobiliar für das Studio Foster Associates.
Foster Associates.

Das von Foster entworfene System für das neue Studio an der Great Portland Street ruft eher die suggestiven Bilder eines Mondvehikels in Erinnerung, als daß es einem Büromöbel ähnelte. Die Gestalt dieses Gestelles antwortet auf die Bedürfnisse eines differenzierten Gebrauchs (vom Zeichentisch zur Ausstellungsfläche). Gleichzeitig aber ist sie ein Manifest, das allen denjenigen, die das Studio aufsuchen, die an diesem Ort gewählten Arbeitsmethoden deutlich macht. Zuerst experimentell, dann in kleiner Serie für die Renault-Zentrale ausgeführt, ist das System der Prototyp des folgenden Projektes Nomos für die Tecno in Mailand geworden.

1–4 Der Tisch in seinen verschiedenen Funktionen.

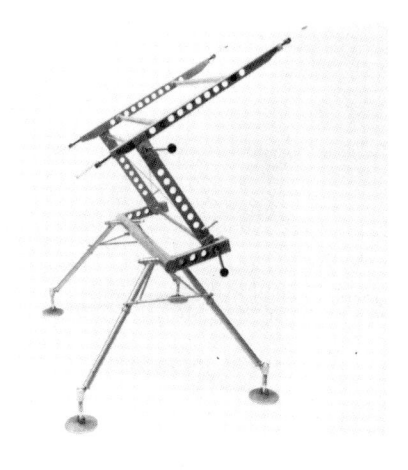

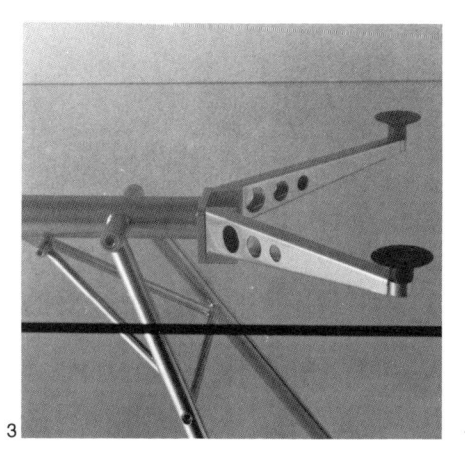

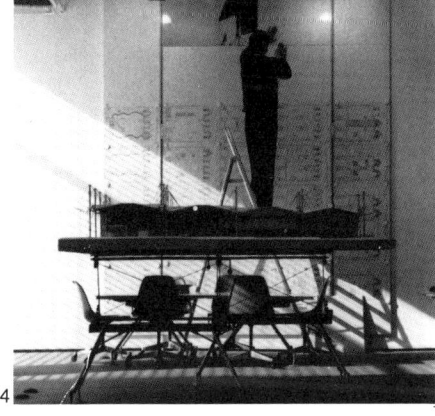

1981–1985 Passagierterminal und Flughafenanlage, Stansted (Essex). Projekt.
Foster Associates.

Der Terminalentwurf für Stansted, den dritten Londoner Flughafen, stellte eine weitere, sorgfältige Modulierung des typologischen und gestalterischen Themas des «umbrella building» dar. Das transparente und kompakte Gebäude ist in die sanfte Hügellandschaft von Essex eingefügt. Dieselbe Leichtigkeit ist in vielen außerhalb der Stadt gelegenen Bauwerken von Foster feststellbar: Künstliche Erzeugnisse, Fabrikate par excellence, die sich dialektisch zur umgebenden Natur verhalten.

«Im Entwurf für einen Flughafen», sagte Peter Davey, «scheinen sich alle Merkmale des Gestaltungsprozesses der Foster Associates am besten auszudrücken: Das Sich-Einfühlen in die menschlichen Bedürfnisse und die Erfindung der passendsten Systeme, um sie rational durch eine geeignete Verwendung zeitgenössischer Transporttechnologie zu lösen. Geeignet auch von einem expressiven Gesichtspunkt aus.» Und dies alles wurde bereits beim «Hammersmith Centre» ausprobiert.

1/2 Ansicht zu den Rollfeldern und den Parkplätzen.
3 Modellansicht.

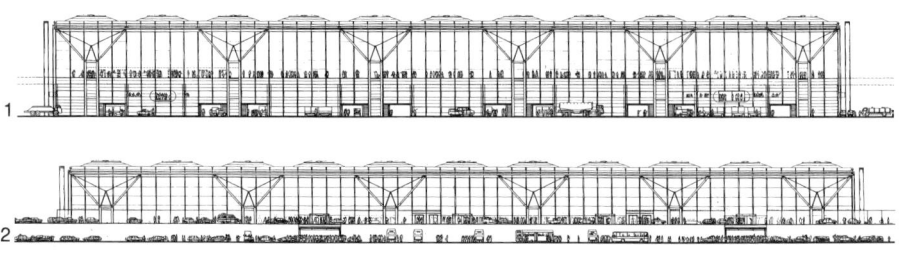

In Stansted laufen die verschiedenen Verkehrsmittel (auf Rädern, Schienen und auf dem Luftweg) nahe zusammen unter einer weiten, leichten Hülle, die auf einem phantasievollen Struktursystem frei schwebt. Foster erarbeitet eine senkrechte Unterteilung über zwei Geschosse für den Warenverkehr (tiefer gelegen) und die Passagierbewegungen (höher gelegen). Auf dem letzteren erfolgt die Trennung in Ankunfts- und Abflugsbereich. Die Überschaubarkeit ist von jedem Punkt dieser Zonen aus gewährleistet, weil die ganze Anlage hell erleuchtet, transparent und innerhalb wie außerhalb des Terminals sichtbar ist. Auf diese Weise wird die Orientierung erleichtert und gleichzeitig jene starke Wand, sei sie physisch oder psychisch, reduziert, die in allen Phasen des Check-in und Check-out präsent ist. Genau diese Handlungen sind in Stansted einer drastischen Revision unterzogen worden, welche sie gradliniger und schneller gemacht hat.
Der Terminal ist ein flexibler Raum mit freiem Grundriß. Er ist auf einem modularen Raster (36 × 36 m) aufgebaut, auf dessen Eckpunkten das Tragskelett steht. Jeder Strukturteil ist aus einem vertikalen Kern mit vier Stahlstützen und einem ausgeweiteten Kopf von Metallstreben und Zugstäben zusammengesetzt, worauf ein leicht geneigtes Dachelement aufgelegt ist. Sein dreieckiges Fachwerk ist als Reflektor und als Verteiler

4/5 Querschnitt Nord-Süd und Längsschnitt Ost-West.
6 Modellansicht von den Rollfeldern her.

166

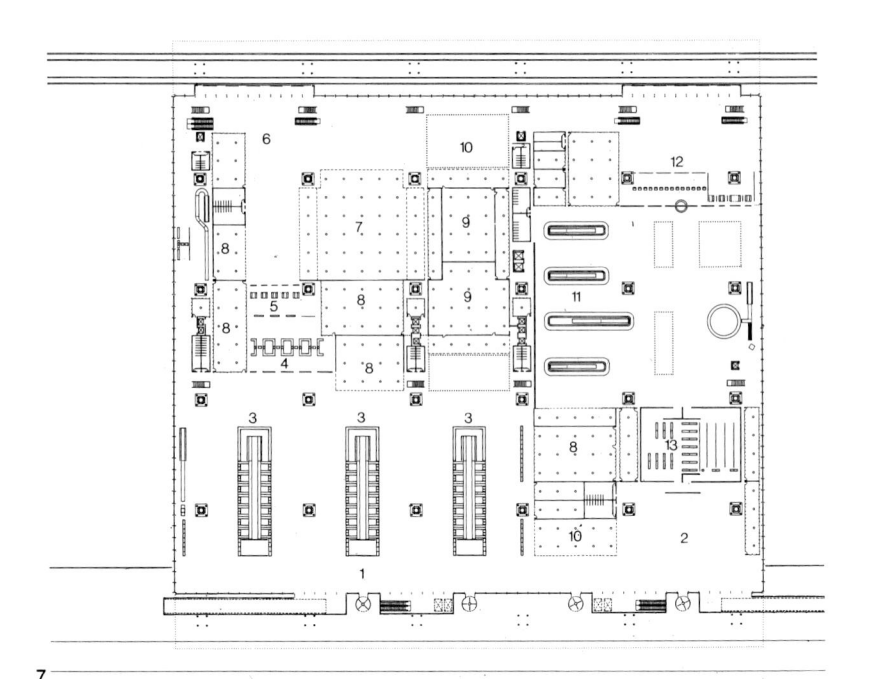

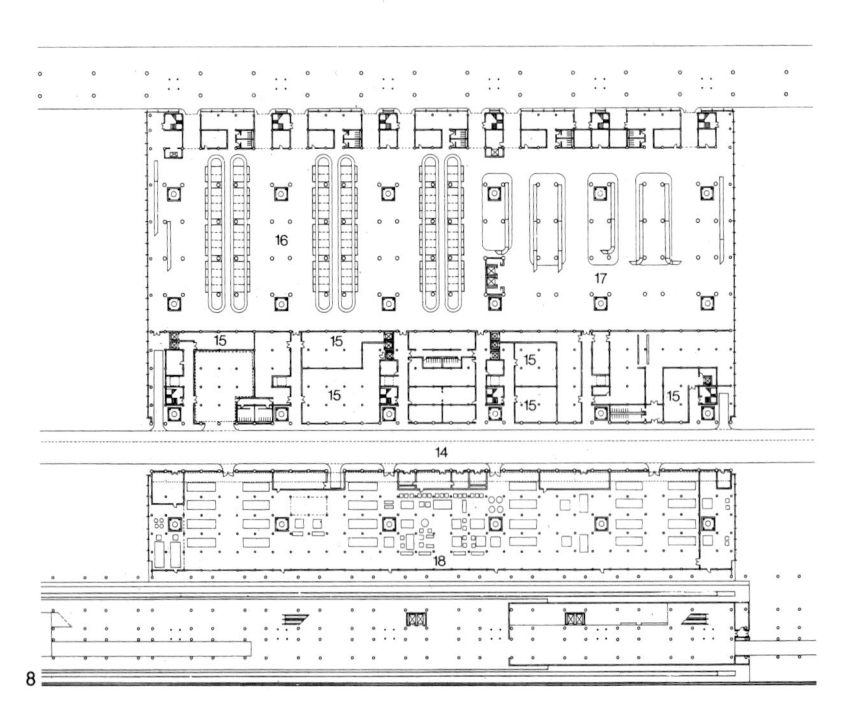

des Lichtes entwickelt. Im Inneren des Rahmens sind die technischen Anlagen enthalten, die mit anderen integrierten Funktionen ein architektonisches System von beachtlichem Interesse bilden.
Eine sekundäre Struktur aus Stahlbeton bildet die Balkenlage der Decke der ersten Ebene des Flughafens, wo alle geschlossenen Räume (Toiletten, Büros, Bank, Küchen, usw.) in mobilen Containern oder in leicht demontierbaren und wiederaufstellbaren Lokalen enthalten sind.

7/8 Grundriß obere Ebene (Ankunft und Abflug) und untere Ebene (Gepäckabfertigung).
1 Abflug.
2 Ankunft.
3 Check-in.
4 Paßkontrolle Abflug.
5 Sicherheitskontrolle.
6 Wartesaal Abflug.
7 Duty Free Shop.
8 Büros.
9 Küche.
10 Bar, Restaurant.
11 Gepäckrückgabe.
12 Paßkontrolle Ankunft.
13 Zollkontrolle.
14 Anlieferung.
15 Lager.
16 Laderaum Abfluggepäck.
17 Gepäckverteilung Ankunft.
18 Installationen.
9 Modellansicht zu den Rollfeldern.

10 Perspektive zum Terminaleingang.
11 Detail der Ansicht zur Rollbahn.
12 Axonometrie der Strukturelemente und Teile des architektonischen Moduls.

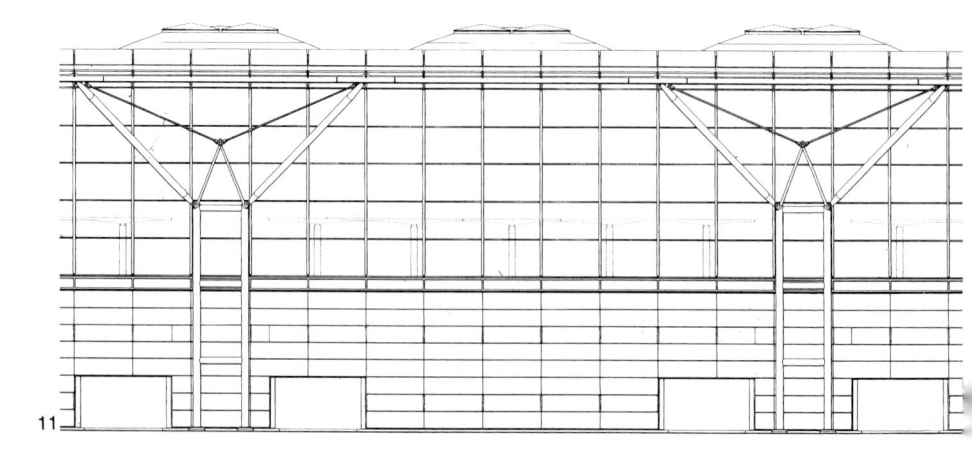

12

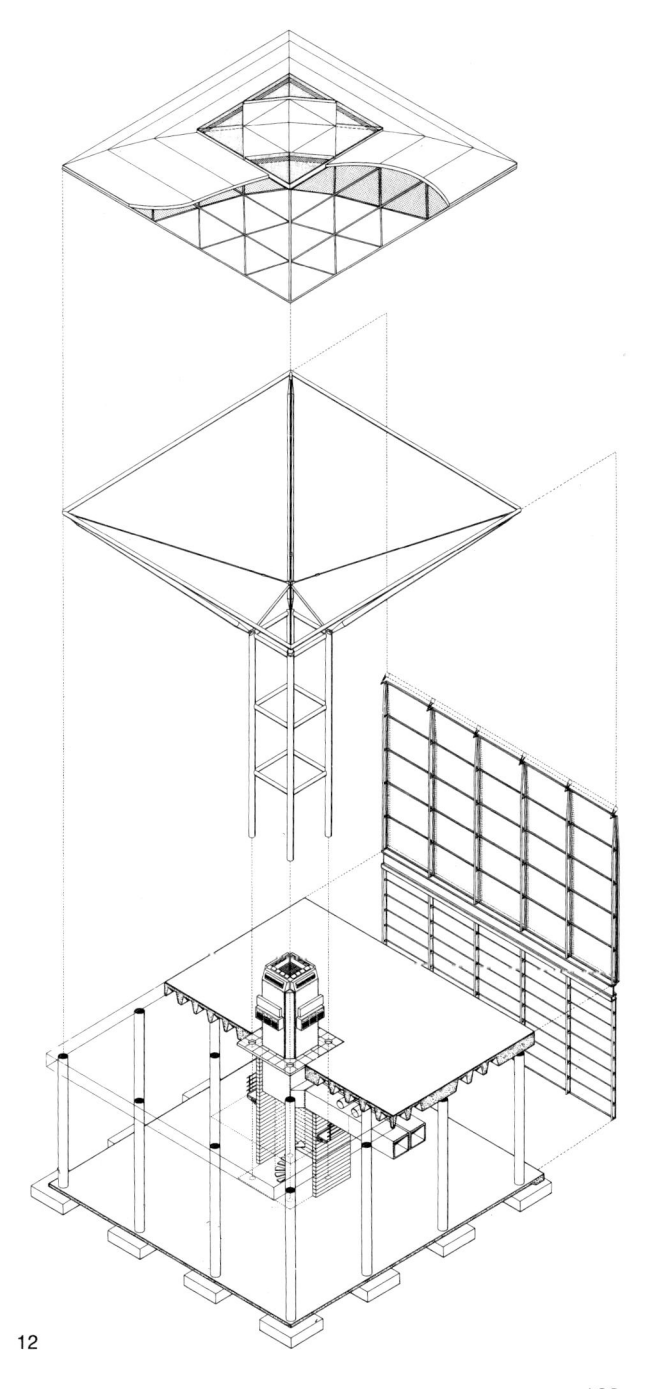

1982 Verwaltungssitz der Humana Inc. Louisville (USA).
Wettbewerbsprojekt. Foster Associates: N. Foster, W. Foster, B. Haward, L. Butt, R. Fleetwood, R. Horden, J. Kaplicky, A. Le Cuyer, W. Shu, D. Chipperfield, V. Hadjikryiacou.

In diesem dritten Entwurf zum Thema Wolkenkratzer fährt Foster mit der typologischen Erneuerung, die mit dem Gebäude von Hongkong eingeleitet wurde, fort. Im Turm mit 32 Geschossen für die Humana Inc. sind die Nebenräume und die vertikalen Verbindungen vom Kern weg nach außen gerückt. Das zylindrische Volumen kennzeichnet die Kreuzung zweier Hauptstraßen in Louisville. Es ist als Teil eines Kommunikationssystems konzipiert, das über kleine, mittlere und große Distanzen reicht. Der höhere Betriebsturm trägt eine komplette Sende- und Empfangsanlage mit Kurzwellen und Radar für die Übermittlungen via Satellit, Lasersichtanzeigen, elektronische Bildschirme sowie den unvermeidlichen Hubschrauberlandeplatz.
Die für diesen Wolkenkratzer gewählte zylindrische Form erlaubt einen Nutzungswert des Grundstückes von 80 % der gesamten Oberfläche; ein günstiges Verhältnis zwischen Volumen und umgebender Hülle, um den Energieverbrauch einzuschränken,

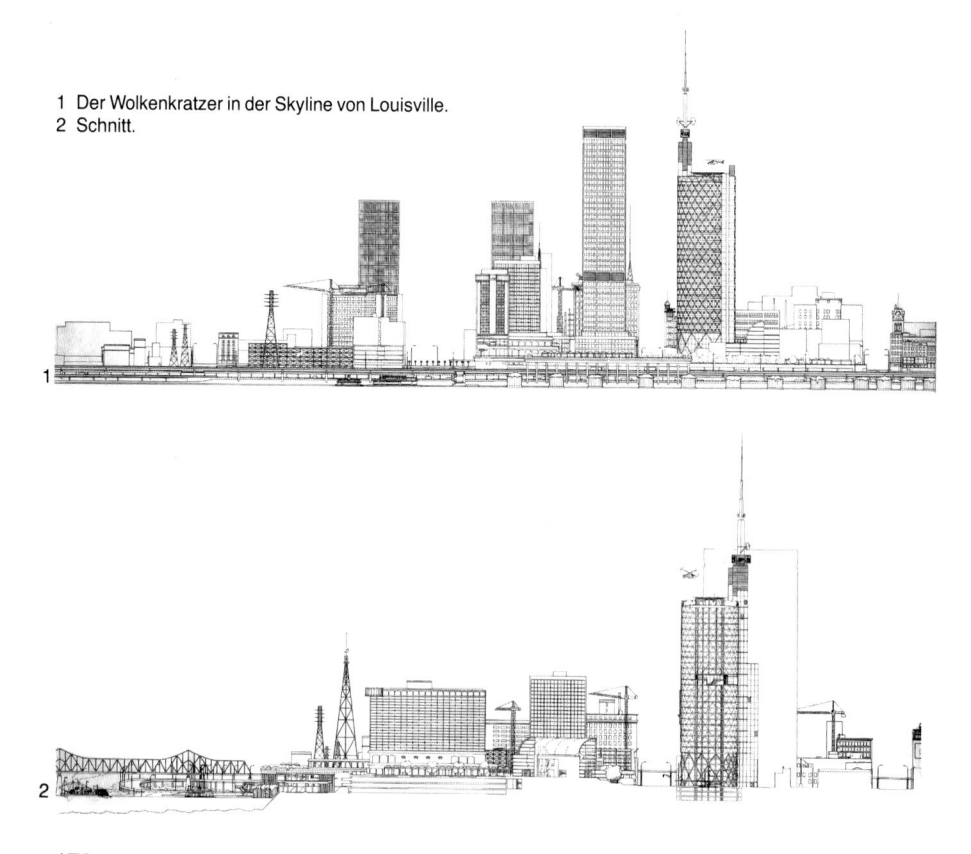

1 Der Wolkenkratzer in der Skyline von Louisville.
2 Schnitt.

3 Lageplan auf der Straßenebene.
4 Grundrisse von verschiedenen Geschossen: Geschoßtyp; Klub, Auditorium und Restaurant im 19. Stockwerk; repräsentative Halle und Klub im 20. Stockwerk; «roofgarden» auf der 33. Ebene.

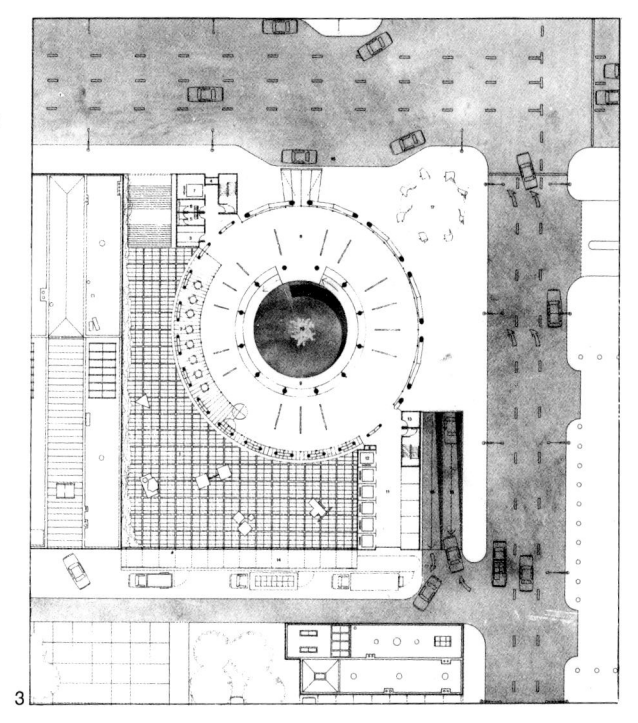

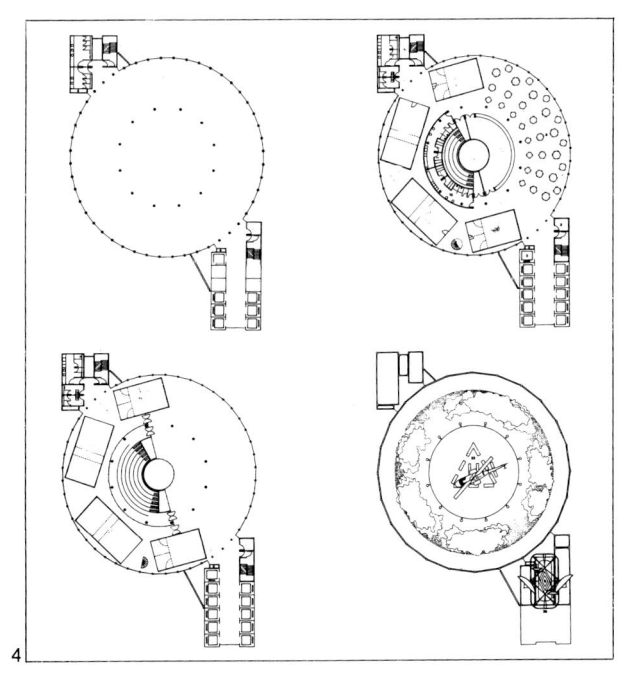

eine große funktionelle Leistungsfähigkeit der Struktur, wozu auch die Verkleidungselemente beitragen. Die äußere Struktur wird durch ein diagonales Stahlnetz gebildet, welches auf den ersten vier Geschossen weitmaschiger ist (öffentlicher Teil des Gebäudes). Im Sockelteil, im Innern eines einzigen Volumens, kragen die vier Geschosse der Kunstgalerie, des Atriums und der Direktionsräume aus. Die darüberliegenden Geschosse – getragen von einer dazwischenliegenden Struktur von kranzförmig angeordneten Stützen – sind als «open-spaces» für Büros gedacht. Zwischen dem 19. und 20. Stockwerk finden die Gemeinschaftsanlagen Platz, während auf der Terrasse der Dachgarten und eine Joggingbahn untergebracht sind.

5 Ansicht.
6 Modell.

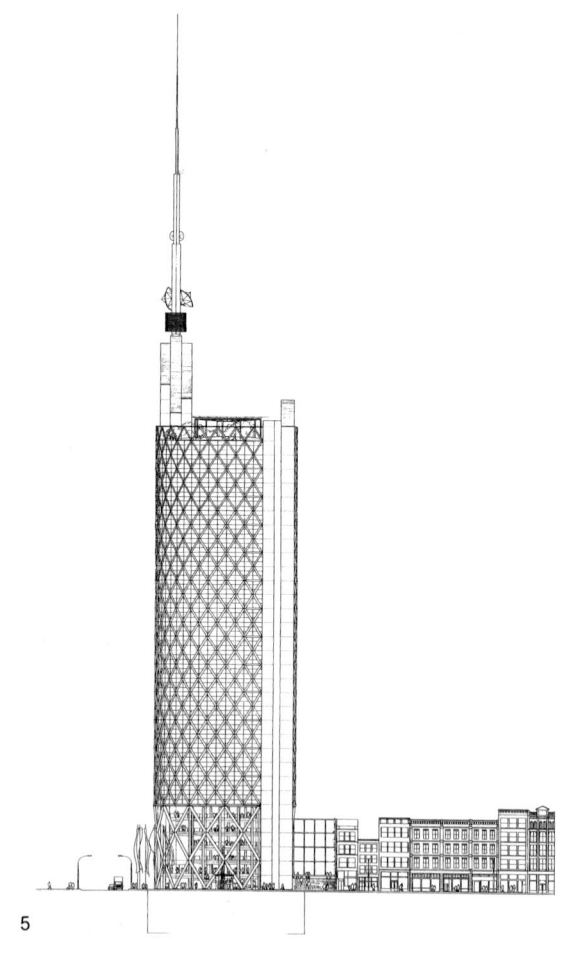

6

1982/83 Renault-Vertriebszentrale, Swindon (Wiltshire).
Foster Associates: N. Foster, W. Foster, S. Allen, N. Bailey, R. Ball,
J. Barfield, L. Butt, C. Chhabra, N. Eldridge, R. Fleetwood, P. Heritage,
P. Jones, D. Morley, I. Simpson, M. Stacey, A. Wozniak.

Fünfzehn Jahre nach der Errichtung der «Reliance Controls», Fosters erstes international bekanntes Werk, kehrt der Architekt mit einem anderen Gebäude desselben Typs für die britische Renault nach Swindon zurück. Wenn zeitlich auch auseinanderliegend, so teilen sich die beiden Konstruktionen in vielen Merkmalen: die Flexibilität, die Modularität der Anlage, die vorgefertigten Bausysteme, die Möglichkeit zukünftigen Wachstums. Aber eine weitere einzigartige Analogie ist spürbar im Ausdruck der Struktur: genügsam und elegant bei der «Reliance Controls», auffällig zur Schau gestellt bei der Renault-Zentrale.

Die Suche nach der strukturellen Ausdruckskraft ist ein kürzlich wieder aufgegriffenes Thema, nach einer langen Zeitspanne gemäßigter Verleugnung des im Innern der Hüllen verminderten Skelettes. In diesem Fall richtet sich das gelbe Traggerüst nach außen, die kalligrafische, manchmal bisweilen überladene Präzision anzeigend, von dem, was Heinrich Klotz «Das Prinzip Konstruktion» nennt. Die anhaltende Suche nach der Integration in der Landschaft wird dadurch aber nicht vernachlässigt. In voller Überein-

1 Fassadendetail.

2

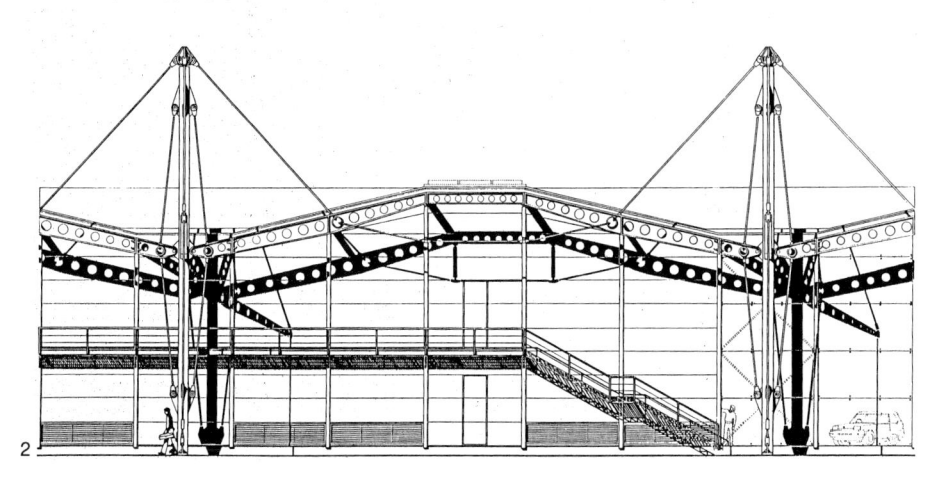

2 Detail einer Ansicht mit
  Fluchttreppe.
3 Axonometrische Skizze.
4 Explosionsaxonometrie der
  Bestandteile eines Moduls.

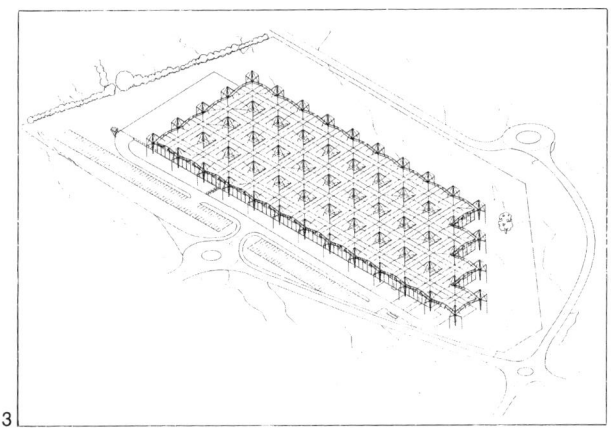

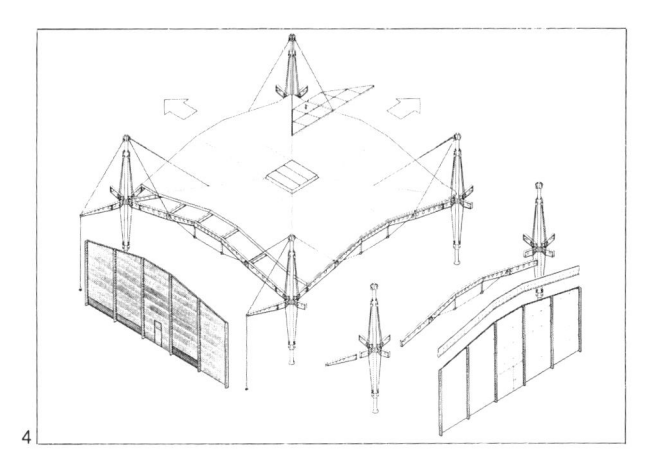

3

4

stimmung mit dem Konzept des Gebäudes scheint sich die eher niedere und artikulierte Figur des Ganzen organisch mit der Morphologie des Ortes zu verbinden. Der konzeptuelle Ansatz basiert auf einem Modul, dessen Raster (24 × 24 m) wiederholbare Grundelemente definiert. Es handelt sich um vier 16 m hohe Stützen, die durch an Stahlseilen aufgehängte Träger untereinander verbunden sind. Ihre Achse verläuft mehrlinig und erhebt sich, indem sie sich von der Stütze entfernt, um sich zur nächsten von neuem zu senken. Die Bedachung des mehrfach wiederholten Moduls schließt sich der Balkenlage so an, daß eine gefaltete Oberfläche gemäß den präzisen Geometrien, die das gesamte Projekt bestimmen, Gestalt gewinnt.

Im jetzigen Zustand folgt das Gebäude dem Umfang des Geländes nach einem trapezoiden Plan mit einer abgestuften Seite. In diesem Bereich konzentrieren sich die Büros, der «show-room», das Personalbildungszentrum und die Kantine.

5 Schnitt durch Ausstellungshalle und Schulungszentrum.
6 Innenperspektive der Ausstellungshalle.

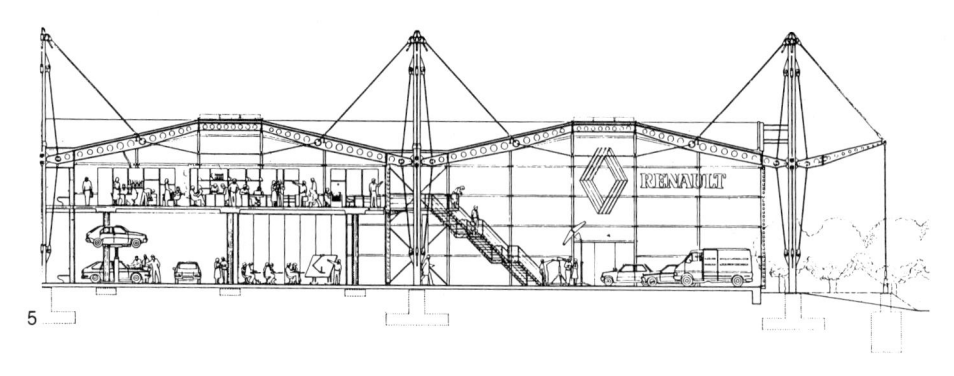

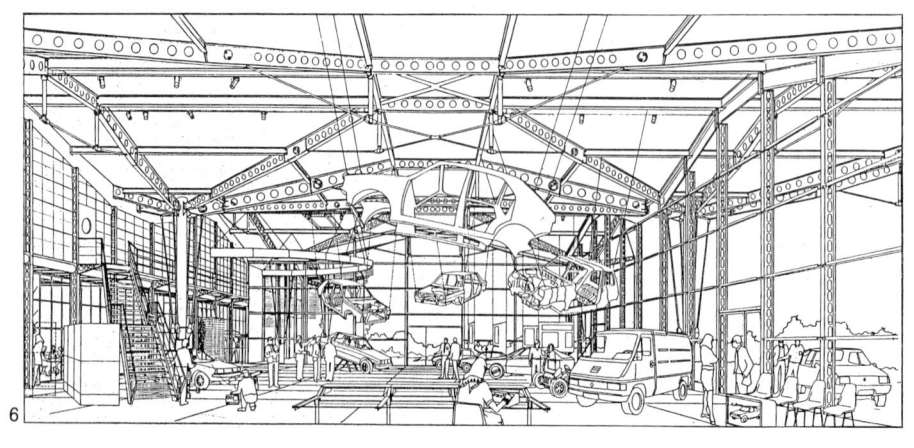

7 Publikumseingang.
8 Ansicht Ausstellungshalle.

9 Dachdetail.
10 Ansicht der Kantine.

Das Gebäude stellt sich wie eine weitere wichtige Etappe im Experimentieren von Bautechniken dar. Diese sind anderen Gebieten als der Baukunst entliehen; wie im Fall der Dichtungen der Verbindungen zwischen vertikaler Verkleidung und Dach.

11 Paneelendetail der äußeren Verkleidung.

12 Folge von Hängestrukturelementen.
13 Stütze von innen durch Oberlicht gesehen.

14 Strebendetail der Glaswand.
15 Detail der Verbindung Stütze-Tragbalken.

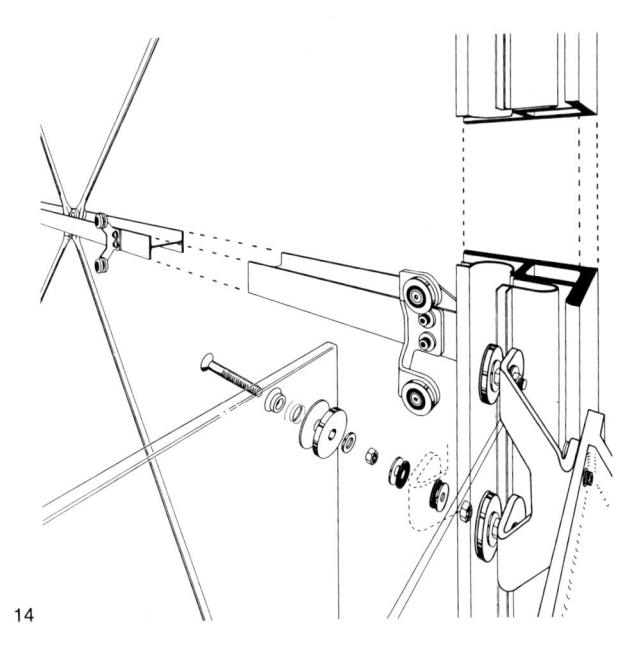

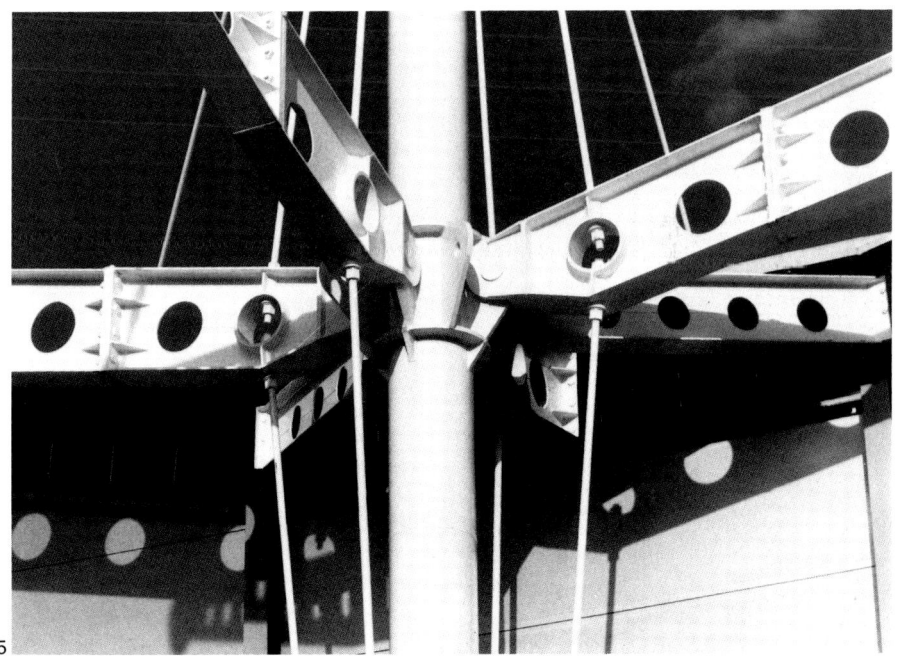

14

15

181

1983–1985 Neue Büros und Studios für die BBC, London (Portland Place). Projekt.
Foster Associates.

Mit den Entwürfen für den neuen Sitz der BBC in London und für die Mediathek in Nîmes wird Foster zum erstenmal mit städtischen Situationen, die einen starken monumentalen Charakter aufweisen, konfrontiert.
In beiden Fällen gingen die Vorschläge als Sieger aus internationalen Wettbewerben hervor. Sie stehen für eine erneuerte Sensibilität gegenüber den morphologischen Eigenschaften des Stadtgewebes. Es hinterläßt in der Anordnung dieser neuen Bau-Organismen tiefe Spuren, im Unterschied zu den vorhergehenden Gelegenheiten, wo

1 Volumetrischer Lageplan des Projektes.
2 Der Grundriß des Erdgeschosses definiert den Bezug der architektonischen Anlage mit der Umgebung.

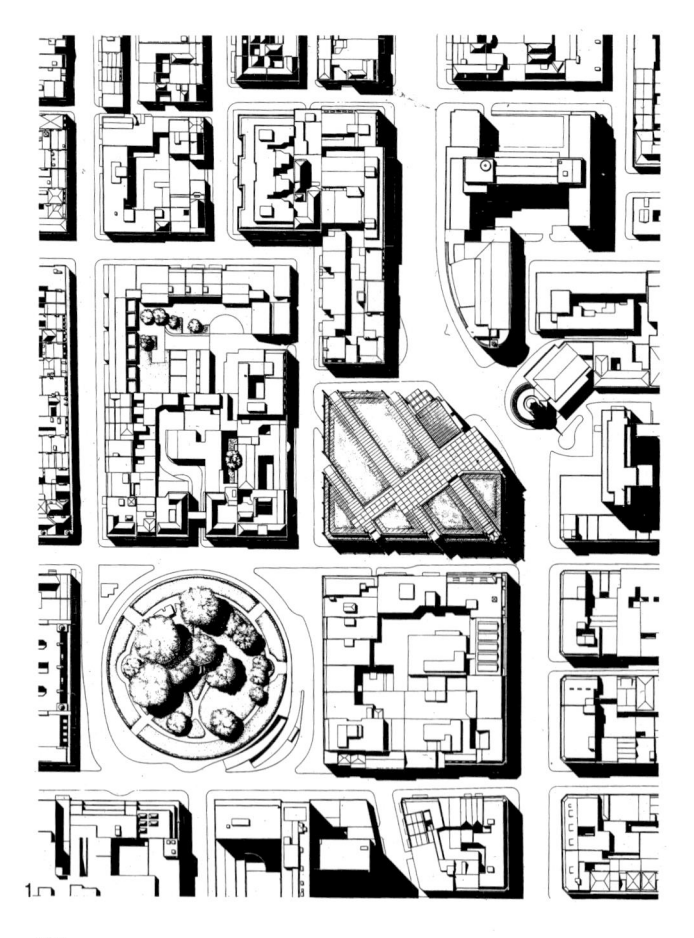

das Zwiegespräch mit dem – allerdings weniger relevanten – Bestehenden auf einem Niveau größerer emotioneller Distanziertheit stattfand.

Die geplante Anlage der BBC ist am Ort des heutigen viktorianischen Palastes des Langham Hotels und in der Nähe der alten Studios gelegen. In einer Situation von beachtlicher historischer und urbanistischer Bedeutung, die durch die Bauten des späten 18. Jahrhunderts der Gebrüder Adams und des frühen 19. von John Nash gekennzeichnet ist.

Foster selbst gibt zu, daß dieses das »komplexeste und anregendste Projekt sei, dem er je begegnet: Das komplexeste vom technischen wie vom urbanistischen Gesichtspunkt aus«. Das neue Gebäude liegt in einer Scharnierzone, wo sich Regent Street biegt und die Achse von Portland Place bildet. In diesem Punkt erhebt sich auch ein architektonischer und städtebaulicher Kernpunkt, die Kirche All Souls von Nash.

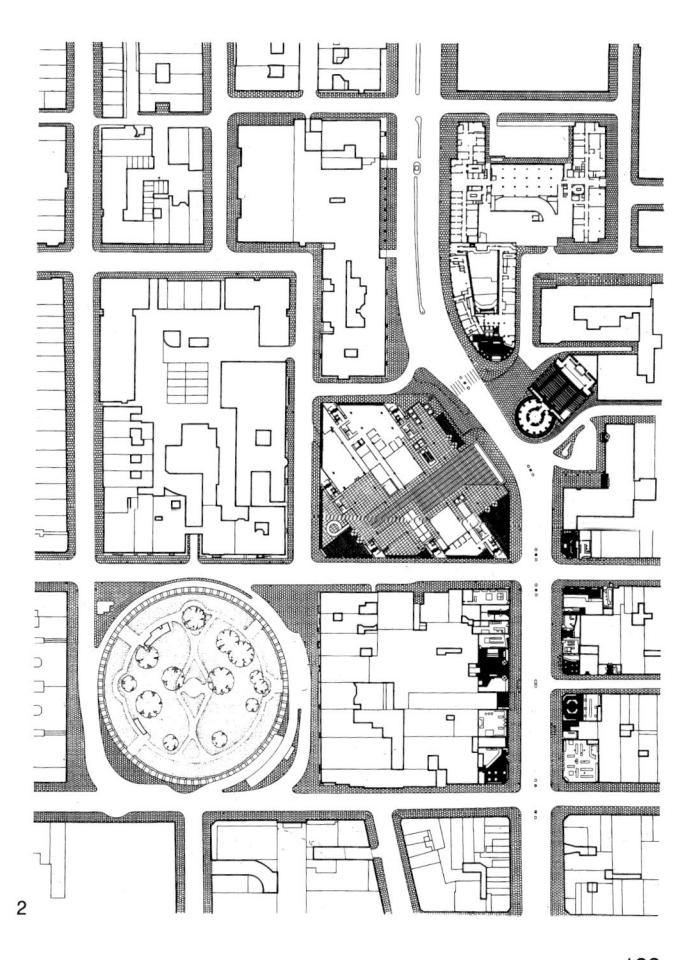

2

Im Vergleich zum rechtwinkligen Raster der umgebenden Bauten diktiert die Hauptachse der Kirche, welche sich auf den runden Vorbau mit Spitze und Säulenreihe stützt, eine Drehung um ungefähr 30 Grad. Von hier geht eine präzise Richtung auf der Ebene der Stadtskala hervor. Sie verbindet einige Wahrzeichen mit Freiräumen: den entfernten Postturm, die Spitzhaube von Nash eben und Cavendish Square. Nach diesen wichtigen Indikatoren richtet sich Fosters Projekt aus, welches als regulierenden Entwurf ein rechtwinkliges System bestimmt, das um 30 Grad in bezug auf die Richtung der Regent Street gedreht ist. Die kontinuierliche und simultane Arbeit an der ordnenden doppelten Geometrie bestimmt zwei verschiedene Arten des Eingriffs am Gebäude.

Durch das gedrehte Raster werden auf der einen Seite die internen Räume, klar lesbar als «dienende und bediente», organisiert und unterschieden. Andererseits wird die äußere und öffentliche Einrichtung des Gebäudes auf dem ursprünglichen Raster definiert. Die Momente der Überlagerung der zwei geometrischen Systeme geschehen entsprechend dem Umfang des Gebäudes und werden von weiser Meisterschaft dirigiert. Während auf dem größten Teil der geschlossenen Fronten die Spuren der Mannigfaltigkeit des inneren Gewebes kaum die Kontinuität der Fassaden unterbrechen, spielt sich an der Stelle, wo sich die Regent Street beugt, die Episode von maximaler architektonischer Dramatik ab. Hier fällt die Fassadenrichtung mit derjenigen des gedrehten Rasters zusammen, welche die inneren Räumlichkeiten ordnet. In diesem außerordentlichen Punkt öffnet sich die Anlage von der Straße her durch eine erstaunliche, öffentliche Glasgalerie, welche eine Reminiszenz an die großen Arkaden des 19. Jahrhunderts darstellt.

Als Raumteiler, der gleichzeitig die gesamte Konstruktion vereint und diagonal durchquert, erzeugt sie eine starke dynamische Spannung. Die Galerie antwortet mit außerordentlicher Wirksamkeit der stimulierenden Anwesenheit des Monumentes von Nash, wie ein kristalliner Turm von Aufzügen, am Nordrand des Gebäudes, den Gegenpol zur Spitze der Kirche bildend, indem er sich als Kulisse hinter Portland Place stellt.

3/4 Grundrisse Erdgeschoß und Geschoßtyp.

3

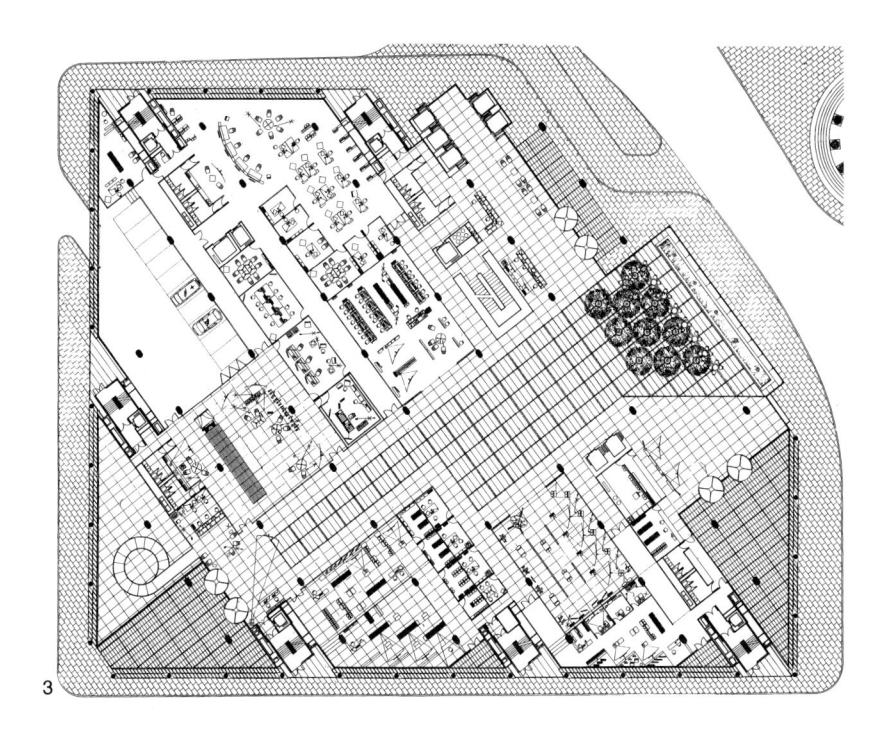

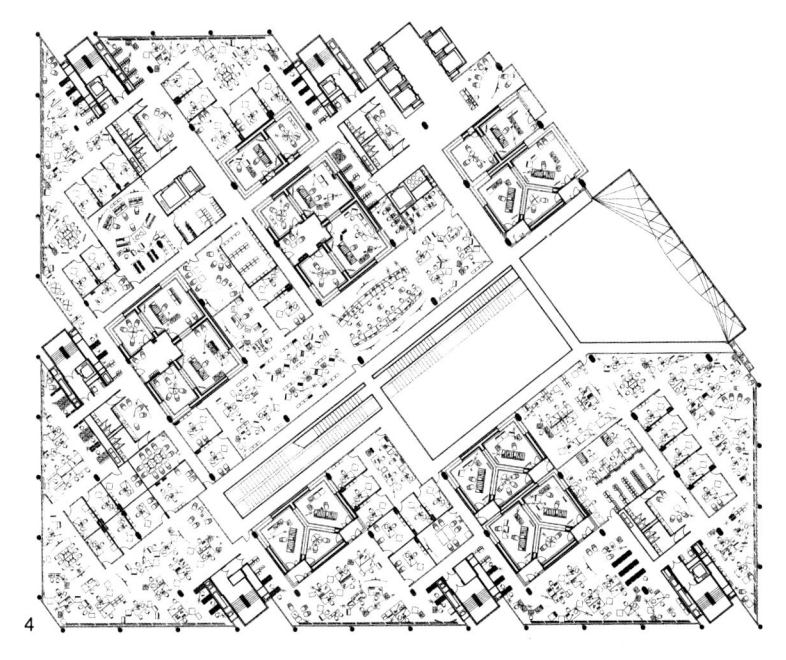

4

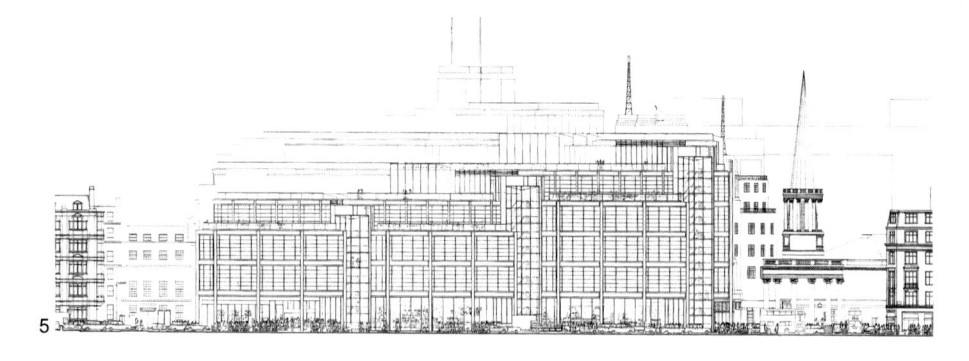

5 Ansicht von Cavendish Square aus.
6 Längsschnitt durch das Atrium.
7/8 Querschnitte durch das Atrium.

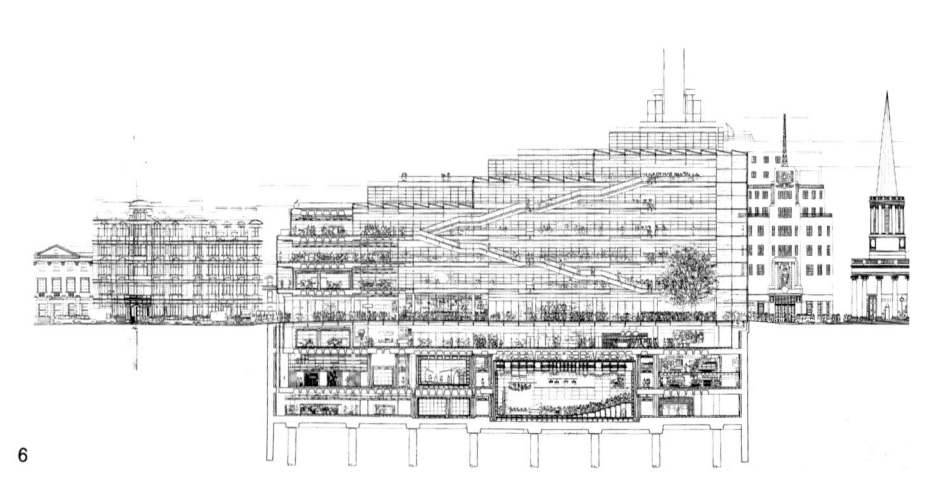

7

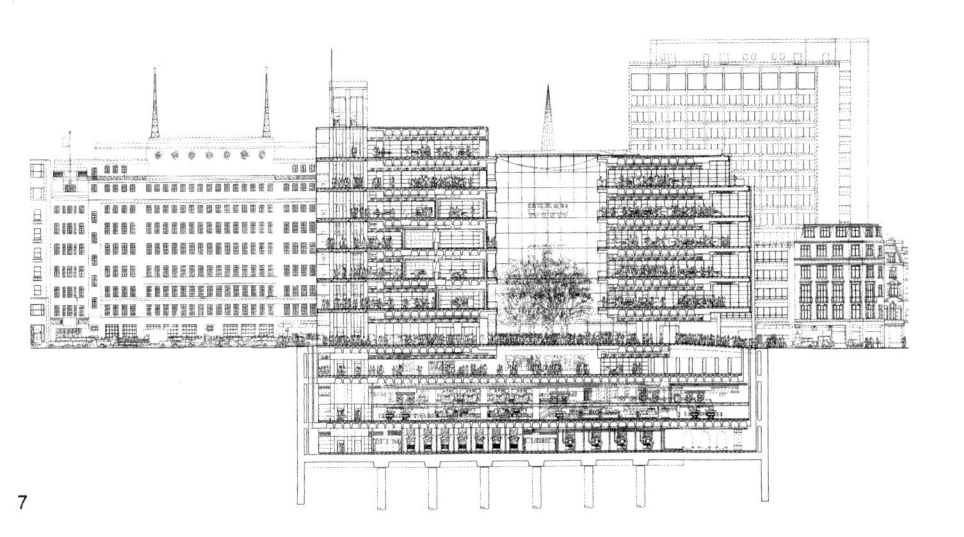

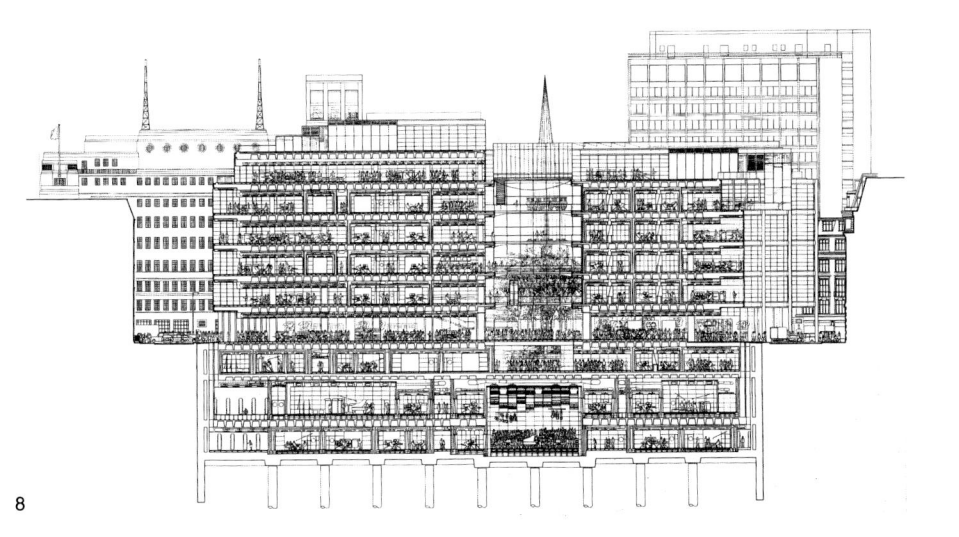

8

1984 Mediathek und Zentrum für zeitgenössische Kunst, Nîmes (Place de la Comédie). Wettbewerbsprojekt (Erster Preis). Foster Associates.

Ein ambitiöses Wettbewerbsprogramm verlangte die Gestaltung des «Beaubourg von Südfrankreich». Darauf antwortend, mußte sich Foster einem besonderen Problem stellen: jenem des Einfügens des Neuen in einen historischen Kontext, charakterisiert durch die Anwesenheit der Maison Carrée, einem römischen Tempel mit sechs Frontsäulen (Agrippa zugeschriebener Pseudoperipteros aus dem Ende des 1. Jahrhunderts vor Christus). Dieses Bauwerk befindet sich in einem wunderbaren Erhaltungszustand. Es liegt gegenüber dem Wettbewerbsgrundstück, das heute als Parkplatz dient. Hier stand schon ein klassizistisches Theater, das 1952 durch Brand zerstört wurde. Ein Teil der ionischen Kolonnade blieb erhalten.

Die zahlreichen Überarbeitungsvorschläge des Siegerprojektes geben alle Rechenschaft über eine Annäherung an das Thema, die dem gleichen Ansatz folgt wie das Projekt für die BBC. Wie in jenem Fall bezeichnen einige Richtungen, aus dem größeren Maßstab des städtischen Geflechtes entnommen, ein gekreuztes und auf dem Areal des neuen Gebäudes zusammenlaufendes System. Umgebende Stadträume erzeugen

1 Erste Skizzen.

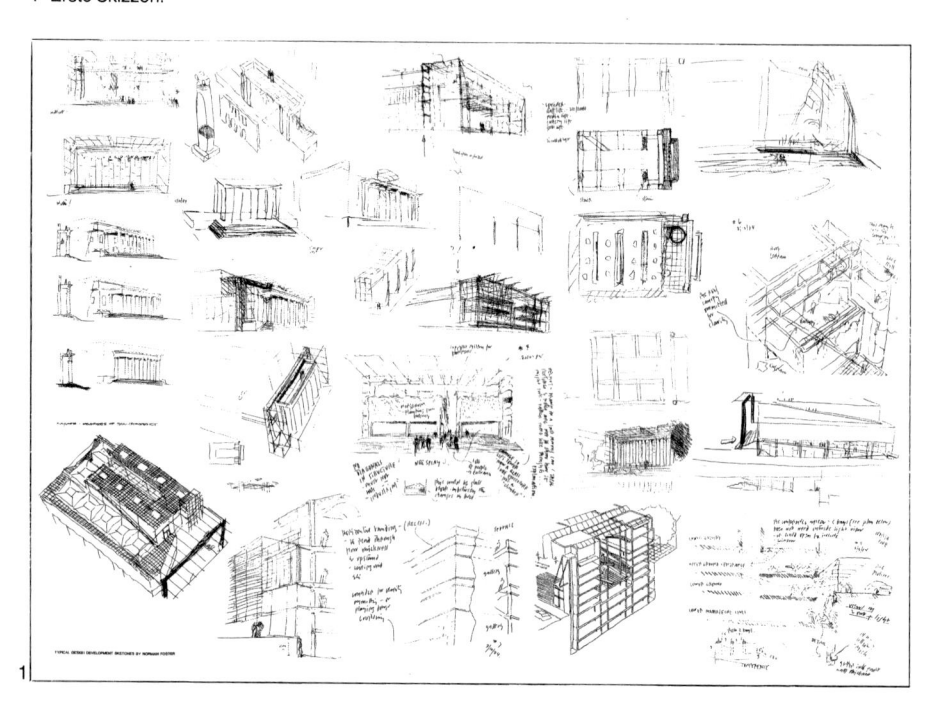

einflußreiche Spannungen. Sie sind voller Möglichkeiten – wie z. B. der Landschaftskomplex aus dem 18. Jahrhundert des Jardin de la Fontaine – und führen zu einer asymmetrischen Komposition, die in den ersten Vorschlägen auch in der Behandlung der zerstückelten Fassade zum Platz deutlich ist.
In der endgültigen Lösung sind die Asymmetrien noch im Innern eines potentiell rechteckigen Prismas vorhanden. Nicht höher als die angrenzenden Gebäude, stellt es die Hälfte des eigentlichen Volumens (vier Geschosse) unterirdisch dar, während die anderen vier Ebenen oberirdisch um eine weite und lichtvolle Treppenanlage verteilt sind. Die Platzfassade ist mit einem tiefen Vordach überdeckt. Sie wurde sorgfältig den Ausmaßen der Maison Carrée angeglichen, ihre Ausdruckskraft ist mit jener der «Maison de Verre» von Chareau oder mit derjenigen der traditionellen japanischen Architektur vergleichbar. Sechs der acht Geschosse sind dem Publikum offen. Die Galerien für die ständige Sammlung nehmen die letzten zwei Stockwerke ein, um maximal vom Tageslicht zu profitieren. Weiter unten finden die anderen Einrichtungen Platz, wie die Wechselausstellungen und die Räumlichkeiten für Musik und Tanz.
Der sorgfältige und maßvolle Gebrauch von avantgardistischen technischen Systemen (z. B. die Sonnenschutzwand der Hauptfassade) und von eher traditionellen Materialien knüpft an die ersten Erfahrungen des Team 4 an.

2 Skizzen für den Wettbewerb.

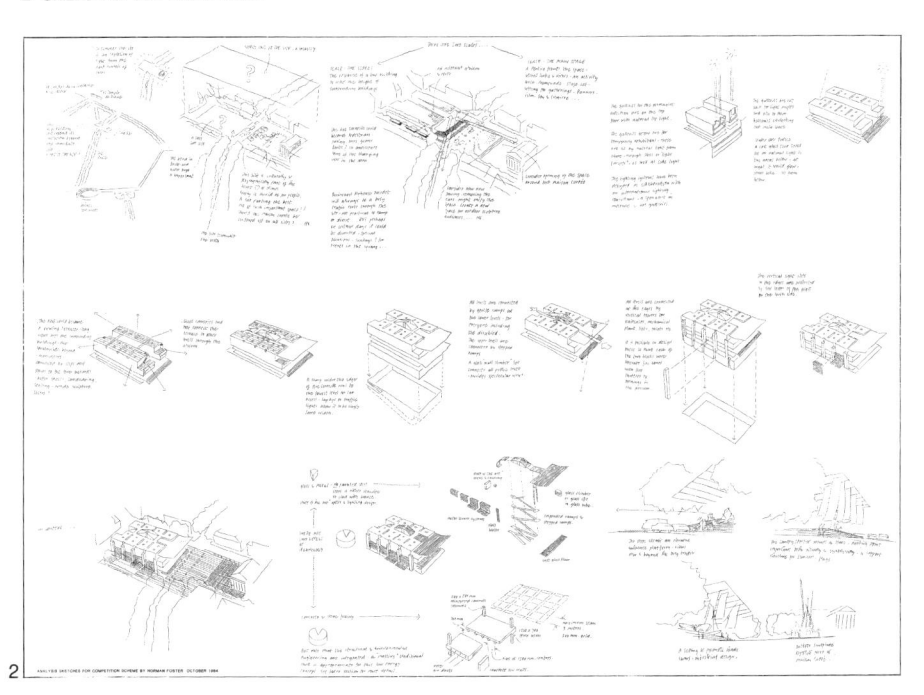

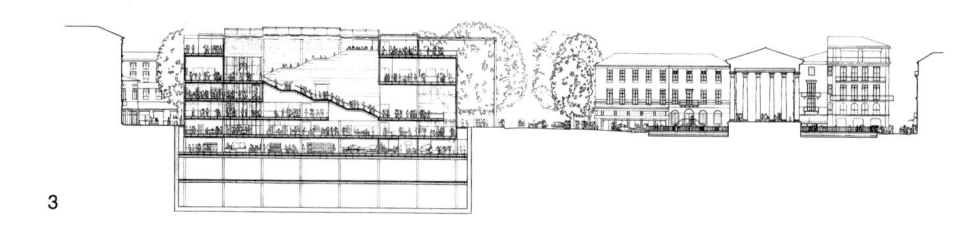

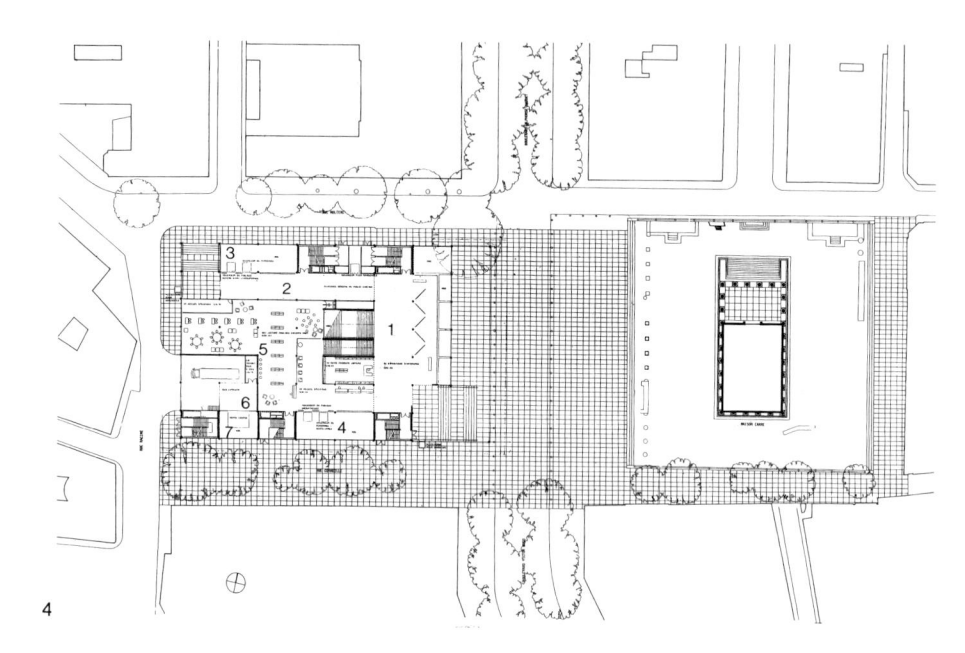

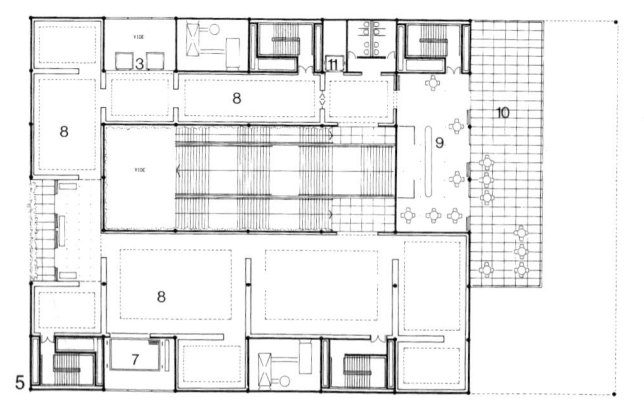

3 Schnitt zum Platz.
4/5 Lageplan und Grundriß Galerie.
 1 Wechselausstellungen.
 2 Besuchereingang.
 3 Besucheraufzüge.
 4 Personalaufzüge.
 5 Lesebereich für Kinder und Bücherausleihe.
 6 Ladebereich.
 7 Lastenaufzug.
 8 Sammlung.
 9 Bar.
 10 Terrasse.
 11 Behindertenaufzug.

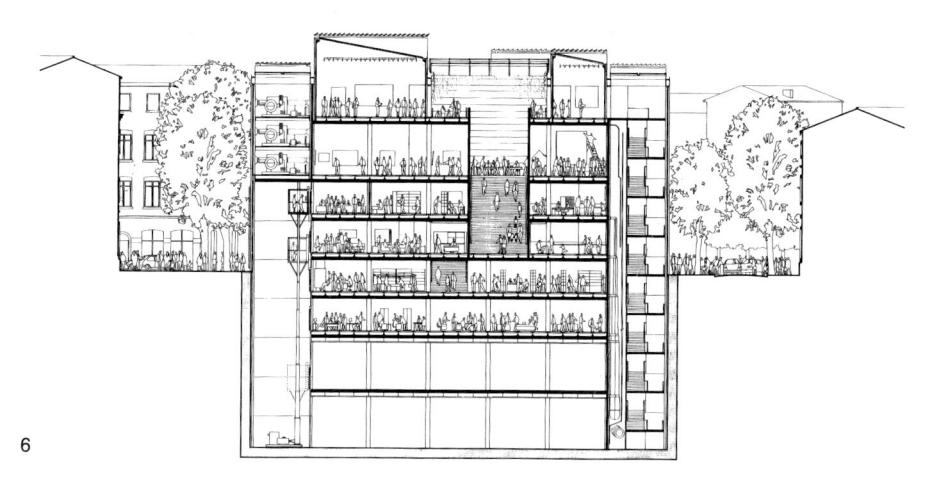

6 Querschnitt (1985).
7 Modellansicht.
8 Modellansicht mit Maison Carrée.

1985 Überdachter Yachthafen, New York. Projekt.
Foster Associates.

Ein dünnes Gewebe aus Metall bildet die symmetrische Bogenstruktur von 140 m Spannweite. Sie schützt den ersten überdachten Hafen der Welt für Hochseejachten. Die Hafenanlage liegt vor dem Zentrum von Battery Park.

1 Lageplan.
2 Modellansicht von oben.
3 Querschnitt.
4 Längsschnitt.

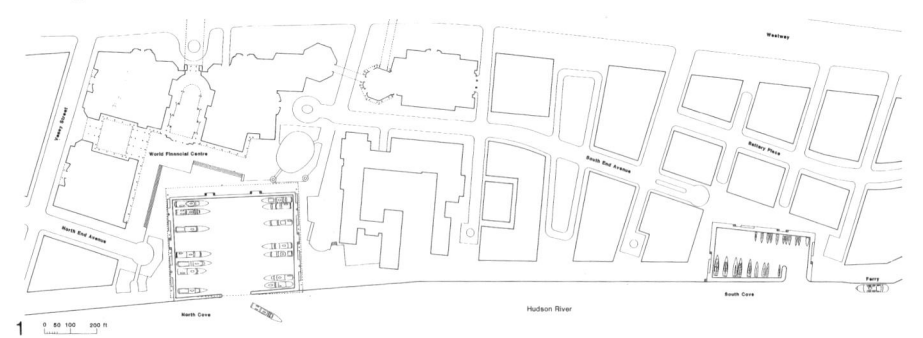

3

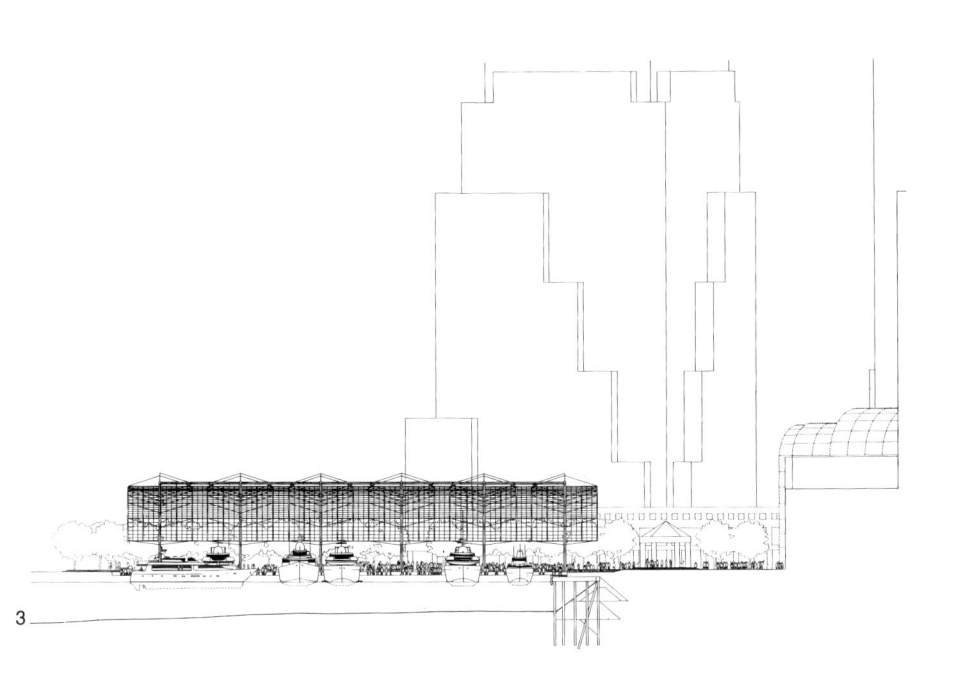

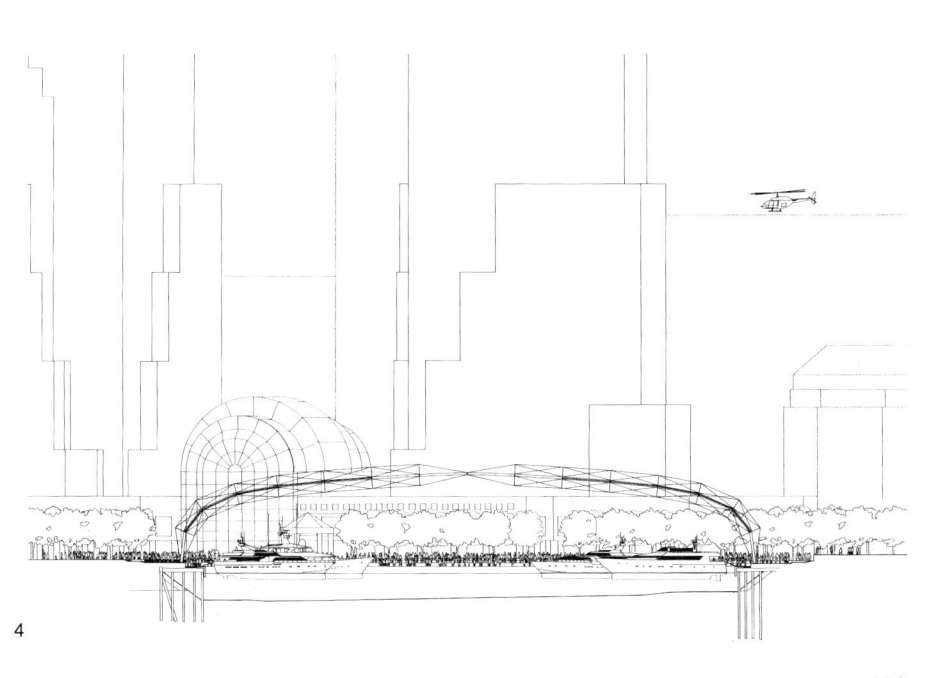

4

193

Biographie.

1935 Norman Foster wird am 1. Juni in Manchester geboren.
1953 Nachdem er die höheren Schulen beendet hat, arbeitet er für kurze Zeit in der Gemeindeverwaltung von Manchester. Danach leistet er Militärdienst in der Royal Air Force. Er spezialisiert sich in Elektrotechnik, vertieft die eigenen Kenntnisse der Luftfahrttechnologie. Er entwickelt eine wahre Leidenschaft für Flugzeuge und wird auch ein erfahrener Pilot.
1955 Nach Beendigung der zweijährigen Wehrpflicht arbeitet er als Praktikant in einem konventionellen Bauatelier in Manchester.
1956 Schreibt er sich an der Architekturschule der Universität von Manchester ein, durchläuft einen ziemlich traditionellen Studiengang, verglichen mit jenen in kulturell lebhafterer Umgebung wie die Architectural Association in London oder die Architekturschule von Liverpool. In Manchester erwirbt er immerhin eine beachtliche Erfahrung im Bereich der grafischen Technik und der Darstellung im allgemeinen.
1959 Eine seiner Zeichnungen, die er in einem Universitätslehrgang ausgeführt hat, wird mit der *RIBA Silver Medal Award* prämiert.
1961 Erlangt er das *Diploma of Architecture and Certificate of Town Planning*. Bekommt die *Heywood Medal* und die *Manchester Society of Architects Bronze Medal*. Er sichert sich auch die *Builders' Association Scholarship*, dank einem Stipendium der *Henry Fellowship* kann er einen zweijährigen Fortbildungslehrgang in den USA, an der Architekturschule von Yale in New Haven, Connecticut, besuchen. Hier ist er vom Unterricht von Paul Rudolph, Serge Chermayeff und Vincent Scully stark beeindruckt. In Yale trifft er Richard Rogers, auch er Stipendiat und sein künftiger Geschäftspartner, und James Stirling, zu dieser Zeit beauftragt, einen Kurs als Gastdozent an der Schule zu halten.
1962 Erlangt er den *Master of Architecture*. Unternimmt eine architektonische Reise

Wendy Foster und Buckminster Fuller diskutieren vor dem Modell des «Autonomous House».

Karikatur von Louis Hellmann, publiziert anläßlich der Verleihung an Foster der Royal Gold Medal for Architecture am RIBA in London 1983 (AJ, 29. Juni 1983).

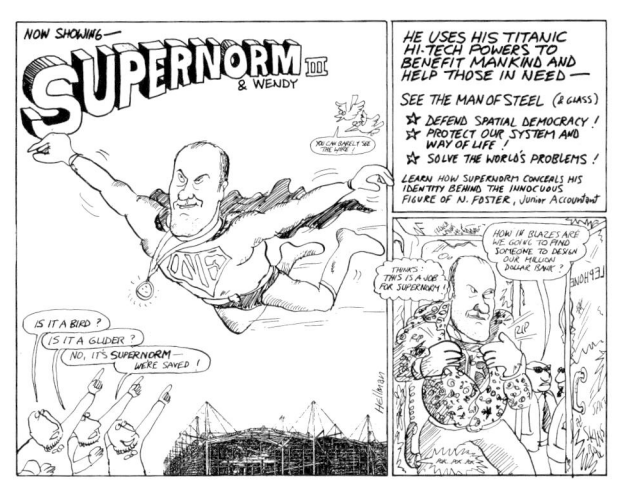

von der Ostküste der USA nach Kalifornien auf den Spuren der modernen amerikanischen Architektur von Frank Lloyd Wright zu Charles Eames.

1963 Kehrt er nach England zurück und gründet in London zusammen mit Rogers die Projektgruppe «Team 4». Dazu gehören auch Su Rogers, Ehefrau von Richard, Georgie Walton, Studienkollegin von Rogers an der Architectural Association in London und später Wendy Cheeseman, Architektin. Sie diplomierte an der Bartlett School der London University und wird Ehefrau von Norman Foster. Georgie Waltons Teilnahme am «Team 4» ist schon eher formaler denn substanzieller Art. Bürositz ist in Hampstead.

1964 Heiratet er Wendy Cheeseman, mit der zusammen er zwei Söhne, Ti und Cal, haben wird.

1966 Wird er *Mitglied des Royal Institute of British Architects.*

1967 Realisiert er mit dem «Team 4» das Gebäude, das ihn auf internationaler Ebene bekannt macht: das Werk «Reliance Controls» in Swindon. Aber dieses ist auch das letzte von der Gruppe ausgeführte Bauwerk. Sie löst sich im selben Jahr auf. Norman und Wendy Foster gründen das Studio «Foster Associates» im Geist und später mit der Dimension eines multidisziplinären Forschungs- und Entwurfszentrums. Der Sitz der neuen Gruppe ist nahe Covent Garden gelegen.

1968 Im Zusammenhang mit dem Entwurf für das Samuel-Beckett-Theater kommt er mit Richard Buckminster Fuller in Kontakt, der einen entscheidenden Einfluß auf seine Denkweise und seine Arbeit ausüben wird. Dies ist der Beginn einer langen Freundschaft und einer fruchtbaren Zusammenarbeit, die bis 1983 dauern wird, dem Todesjahr des vielseitigen amerikanischen Meisters.

1971 Das Studio «Foster Associates» übersiedelt ins Erdgeschoß eines Hauses an der Fitzroy Street, einige hundert Meter vom Turm des Postgebäudes entfernt. Der neue Sitz und seine Ausstattung dienen als Experimentierfeld von Konzepten und Materialien, die den Kern der Entwurfsphilosophie von Foster bilden.

1974 Wird er zum *Vizepräsidenten der Architectural Association* ernannt. Das Studio, welches bereits seit langem für die norwegische Schiffahrtsgesellschaft Fred

Olsen Line gearbeitet hat, eröffnet in Oslo ein Büro. Hier erarbeitet er zuerst für denselben Bauherrn und später für andere eine Reihe von Projekten, die an verschiedenen Orten des skandinavischen Landes gelegen sind.

1975 Wird er mit der Ausführung des Verwaltungssitzes der «Willis Faber & Dumas» in Ipswich beauftragt, was der Firma internationale Berühmtheit einbringen wird.

1978 Die Realisierung des «Sainsbury Centre for Visual Arts» in Norwich bezeichnet eine weitere brilliante Etappe in der Karriere des Architekten und seiner Gruppe, welche Aufträge von immer höherem Ansehen erhält.

1979 Norman Foster wird mit sechs anderen internationalen Architekturbüros von der Hongkong & Shanghai Banking Corporation eingeladen, einen Vorschlag für den Neubau des Sitzes des Institutes zu unterbreiten. Norman Foster erhält den ersten Preis und den Auftrag.

1980 Wird er zum Mitglied des American Institute of Architects ernannt. Ihm wird der Doktortitel honoris causa der Universität von East Anglia überreicht. Am 24. Juni hält er am Sitz des RIBA die Präsentationsrede für die Verleihung der Golden Medal 1980 an James Stirling.

1981 Erhält er den ersten Preis des Wettbewerbes auf Einladung für den Entwurf des überdachten Stadions in Frankfurt am Main. Norman Fosters Werk wird auch vom Fernsehen beachtet; die BBC widmet ihm einen Sonderbericht im Programm Omnibus.

1982 Das Studio übersiedelt an den heutigen Sitz in der Great Portland Street, in der Nähe des Sitzes des RIBA. Norman Foster wird zum Ratsmitglied des Royal College of Art in London gewählt.

1983 Foster erhält die höchste Auszeichnung seiner Karriere. Er wird mit der Royal Gold Medal of Architecture geehrt, dem wichtigsten und angesehensten internationalen Preis, der 1848 von Königin Viktoria zur Förderung der Architektur gestiftet wurde. Die Vorstellungsrede an der offiziellen Feier hält der 88-jährige Buckminster Fuller. Norman Foster wird Associate of the Royal Academy; ist gewähltes Ehrenmitglied des Bundes Deutscher Architekten. – Nach einem Wettbewerb auf Einladung wird er von der BBC ausgewählt, die Ausführung des neuen Sitzes des radiotelevisiven Zentrums in London am Langham Place gegenüber der Kirche All Souls von Nash zu erarbeiten.

1984 Foster erhält den ersten Preis des Wettbewerbes auf Einladung der Stadtverwaltung von Nîmes für das Projekt und die Realisierung der Mediathek und des Zentrums für zeitgenössische Kunst. Die UIA überreicht ihm den Preis August Perret.

1986 Die Universität von Bath zeichnet ihn mit dem Ehrentitel des Doktor of Science aus. Er hält die Antrittsrede des Eric Lyons Memorial Fund am Sitz des RIBA. – Zwei große Werkausstellungen werden in Paris (im Januar) im Institut Français d'Architecture und in London (im Oktober) in der Royal Academy eröffnet.

1987 Erhält er den Japan Design Foundation Award.

Norman Foster ist auch Visiting Board Member and External Examiner RIBA, Fellow of the Society of Industrial Artists and Designers, Mitglied der International Academy of Architecture in Sofia und Mitglied der französischen Architektenvereinigung. Er wurde beauftragt, Vorträge und Seminarien an Universitäten und verschiedenen Institutionen in Großbritannien, den Vereinigten Staaten, in Kontinentaleuropa und in Asien zu halten.

Werkverzeichnis.

Die Ziffern in Klammern beziehen sich auf die entsprechenden Seitenzahlen dieses Buches.

1963 Wochenendhaus in Pill Creek (Team 4) (18).
1964 Projekt eines Wohnkomplexes in Feock (Team 4), Preis *Architectural Design Project Award 1964* (19).
Projekt einer Einfamilienhaussiedlung in Culsdon (Team 4), *Architectural Design Project Award 1965* (20).
Drei Reihenhäuser, London (Team 4) (22).
Erster Entwurf des Hauses Brumwell (Creek Vean House) in Feock (Team 4) (25).
1965 Einfamilienhauserweiterung in East Horsley (Team 4).
Studio Henrion in London (Team 4).
Reihenhausprojekt in einer Mews von Camden in London (Team 4).
1965/66 Haus Brumwell (Creek Vean House) in Feock (Team 4), Preis *Royal Institute of British Architects Award 1969* (25).
1966 Haus Jaffe (Skybreak House) in Radlett (Team 4) (30).
Projekt einer Preparatory School in Surrey (Team 4).
Elektronikwerk Reliance Controls in Swindon (Team 4), Preise: *Architectural Design Project Award 1966, Financial Times Industrial Architectural Award 1967* (34).
1967 Verdichteter Wohnungsbau in Radlett (mit A. Stanton) (41).
Wettbewerbsprojekt für eine Schule in Newport, prämierter Entwurf (44).
1968 Projekt eines Verwaltungs- und Freizeitzentrums an den Docks von London, Preis *Architectural Design Project Award 1969*.
1969 Entwicklungsplanung für die Hafenanlagen der Schiffahrtslinie Fred Olsen an den Docks von London.
Verwaltungs- und Freizeitzentrum für die Fred Olsen Line in London, Preis *Financial Times Industrial Architecture Award Commendation 1970* (47).
Passagierterminal der Fred Olsen Line in London (51).
Temporäre pneumatische Hülle für die Computer Technology in Hemel Hempstead (54).
1970 Forschungs- und Entwicklungszentrum der Computer Technology in Hemel Hempstead, Preis *Financial Times Industrial Architecture Commendation 1971* (56).

Erweiterung eines Einfamilienhauses in East Horsley in Surrey (1965).

Bausystem für Büros und Ateliers, Milton Keynes (1971).

Lagerprojekt für die Pirelli in Yorkshire.
Renovierungsprojekt für die Anlagen der Thames & Hudson in London.
1971 Projekt für das Samuel-Beckett-Theater in Oxford (mit R. B. Fuller) (58).
Climatroffice-Projekt (mit R. B. Fuller) (60).
Sitz der IBM in Cosham, Preise: *Royal Institute of British Architects Award 1972, Structural Steel Design Award 1972* (62).
Pflege- und Eingliederungsstätte für behinderte Kinder in Hackney, London (67).
Bausystem für Büros und Ateliers in Milton Keynes.
Firmensitz Foster Associates in London (70).
1972 Entwurf eines Konstruktionssystems für industrialisierte Bauten (74).
Projekt für den Sitz VW/Audi und NSU/Mercedes Benz in Milton Keynes.
Projekt für den Sitz der Dixon Group of Companies in London.
Projekt für ein schwimmendes Theater der Theatre System Ltd in London.
Projekt für Industriebauten für Hagreaves, Oughtread, Harrison, Goole, Humberside.
Fabrikprojekt der Cincinnati Milacron in Milton Keynes.
1973 Projekt einer multifunktionalen Halle mit Geschäfts- und Freizeitkomplex in Liverpool (75).
Sport- und Geschäftszentrum in Badhoeverdorp (76).
Preßwerk der SAPA in Tibshelf (77).
Büro- und Lagergebäude der Modern Art Glass in Thamesmead, Preis *Financial Times Industrial Architecture Award 1974* (81).
Einrichtungssystem für die Läden Orange Hand in Nottingham, Brighton und Reading (84).

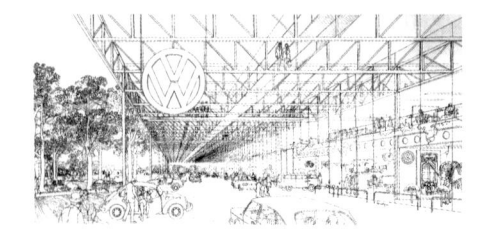

Projekt für den Sitz der VW/Audi und NSU/Mercedes Benz, Milton Keynes (1972).

Projekt für die Filiale VW/Audi in Milton Keynes.
Projekt für das Internationale Filmzentrum des British Film Institute in London.
Projekt für ein Geschäfts- und Freizeitzentrum in Southampton.
Projekt für ein Geschäfts- und Freizeitzentrum in Knowsley.
Wohnungsbau von niedriger Dichte in Milton Keynes (86).

1973/74 Hauptsitz der Willis Faber & Dumas-Versicherungen in Ipswich, Preise: *Royal Society of Arts Business and Industry Award 1976, R. S. Reynolds Memorial Award 1976, Royal Institute of British Architects Award 1977* (88).

1974 Norwegischer Firmensitz der Foster Associates in Oslo.
Reisebüro für die Fred Olsen Ldt in London.
Studie zur Energierückgewinnung.
Projekt für ein nautisches und Sportzentrum in Son (100).
Projekte für eine Wohnsiedlung in Norwegen.
Projekt für ein Bürogebäude in Vestby (101).

1974/75 Sonderschule für behinderte Kinder in Liverpool, Preise: *International Prize for Architecture 1976, Royal Institute of British Architects Award 1977* (105).

1974–1978 Sainsbury Centre for Visual Arts in Norwich, Preise: *Royal Institute of British Architects Award 1978, Structural Steel Pinniston Award 1978, R. S. Reynolds Memorial Award 1979, British Tourist Board Award 1979, Sixth International Prize for Architecture, Bruxelles 1980, Ambrose Congreve Award 1980, Museum of the Year Award 1980* (107).

1975 Renovations- und Erweiterungsprojekt eines Bürokomplexes in Oslo (104).

1976 Regionalplanung von Gomera.
Planungsprojekt für den Hafen von St. Helier (124).

1977–1980 Technikpark IBM in Greenford, Preise: *Structural Steel Award Citation 1980, Royal Institute of British Architects Commendation 1981, Financial Times Industrial Architecture Award Commendation 1981* (127).

1977–1980 Projekt für das Hammersmith Centre in London (132).

1978 Erweiterungsprojekt für das Whitney Museum in New York (mit Derek Walker Associates) (136).
Boutique Joseph in London (139).
Projekt für den Ausstellungspavillon der International Energy Expo in Knoxville (mit R. B. Fuller) (140).
Projekt für das Open House in Cwmbran (141).

1979 Projekt für ein Freizeitzentrum der Granada Ldt in Milton Keynes (144).
Projekt für das Foster House in London (145).

Projekt eines schwimmenden Theaters für die Theatre System Ltd, London (1972).

1979–1986 Neue Hauptverwaltung der Hongkong & Shanghai Banking Corporation in Hongkong, Preise: *Premier Architectural Award (Towco/AJ) at Royal Academy Summer Exhibition 1983, Structural Steel Design Award 1986, R. S. Reynolds Memorial Award 1986, Marble Architectural Awards East Asia 1986* (146).
1980 Projekt für das Sportzentrum Students Union des University College in London (158).
Durchführbarkeitsstudie für den dritten Londoner Flughafen in Stansted.
Wettbewerbsprojekt für die Sanierung des Fischmarktes von Billingsgate in London.
Projekt zur Platzgestaltung des Statue Square in Hongkong.
Projekt eines schwimmenden Theaterlaboratoriums in Venedig (mit Derek Walker Associates).
1981 Wettbewerbsprojekt für ein überdachtes Stadion in Frankfurt am Main, erster Preis (160).
Möblierungssystem für das Studio Foster Associates (163).
1981–1985 Projekt für den Passagierterminal und die Flughafenanlagen des dritten Londoner Airports in Stansted (164).
1982 Wettbewerbsprojekt für das Verwaltungsgebäude der Humana Inc. in Louisville (170).
Projekt Autonomous House (mit R. B. Fuller).
1982/83 Verteilzentrale der Renault in Swindon, Preise: *Financial Times Architecture at Work Award 1984, Structural Steel Award 1984, Civic Trust Award 1984, Constructa European Award 1986* (174).
1983/85 Projekt für neue Büros und Studios der BBC in London (182).
1984 Erweiterungs- und Umstrukturierungsprojekt für den IBM-Komplex in Greenford.
Umstrukturierung des IBM-Sitzes in Cosham.
Wettbewerbsprojekt für die Mediathek und das Zentrum für zeitgenössische Kunst in Nîmes, erster Preis (188).
1985 Projekt für die neuen Ausstellungsräume der Royal Academy of Arts in London.
Projekt zur Überdachung eines Yachthafens in New York (192).
1986 Büroeinrichtungssystem Nomos für die Tecno in Mailand, Preis *Compasso d'Oro 1987*.
Laden für Katharine Hamnett in London.
Gestaltungsplanung eines Stadtviertels und Projekt für einen Aufführungssaal in Nancy.

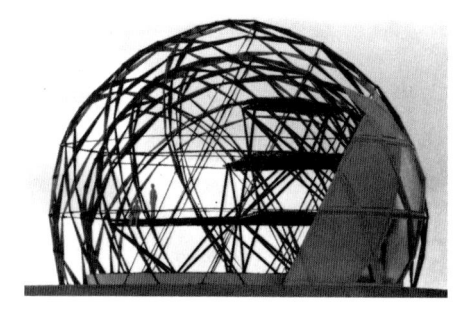

Projekt Autonomous House (1982).

Projekt des neuen mexikanischen Radio- und Fernsehzentrums in Mexico City.
Projekt für einen intergrierten Wohn- und Bürokomplex des Studios Foster Associates an der Themse in London.
1987 Wettbewerbsprojekt für die Platzgestaltung des Paternoster Square in London.
Projekt für ein Bürogebäude in Tokyo.
Projekt für das Haus Kawana in Japan.
Projekt für den Sitz der Bunka Radio Station in Tokyo.
Projekt für ein Geschäftszentrum in der Nähe von Southampton.
Projekt für Büros der Stanhope Securities in London.
Wettbewerbsprojekt für den Flughafen von Turin.
Hotelprojekt für Holliday Inn in Den Haag.
Projekt eines Hotelkomplexes für La Fondiaria in Florenz.
Boutique für Esprit in London.
1987–1990 Dritter Londoner Flughafen in Stansted.

Wichtigste Schriften von Norman Foster.

1970 Architects'Approach to Architecture, in «RIBA Journal» (Juni).
1972 Foster Associates: Recent Works, in «Architectural Design» Nr. 11.
1973 How to design low-cost-flexible-build buildings, in «Building Design» (Oktober).
Foster et Associés, in «L'Architecture d'Aujourd' Hui» Nr. 170.
1976 Alvar Aalto, 1898–1976, in «RIBA Journal» (Juli).
1977 The design philosophy of the Willis, Faber & Dumas Building in Ipswich, in «Architectural Design» Nrn. 9–10.
1978 Sainsbury Centre for the Visual Arts, in «The Architectural Review» Nr. 982.
1979 Links, Katalog der Ausstellung Foster Associates, RIBA Publications, London, S. 9–10.
Per l'arte nell'Università dell'East Anglia, in «Domus» Nr. 592.
1980 Norman Foster, in A. Suckle (Hrsg.), By Their Own Design, Granada, London, S. 136–159.
Introduction to the Royal Gold Medalist, in «Architectural Design» Nrn. 7–8.
1981 Sainsbury Centre for the Visual Arts, in «L'Architecture d'Aujourd Hui» Nr. 213.
Hong Kong & Shanghai Banking Corporation Headquarters, in «Architectural Design» Nrn. 3–4.
Foster Associates und Brief Impression of Japan, in «Architecture and Urbanism» Nr. 125.
1983 RIBA talk, in «Transaction» Nr. 4.
1984 1 QRC. Extracs from a project diary, in D. Lasdun (Hrsg.), Architecture in an Age of Scepticism, Heinemann, London, S. 112–133.
Foreward, in R. Einzig, Classic Modern Houses in Europe, The Architectural Press, London, S. 7.
Preface, in P. Murray, S. Trombley, Modern British Architecture since 1945, RIBA Magazine, London, S. V.
1986 Hong Kong, in «Architecture and Urbanism» Nr. 189.
Prologue, in «Process Architecture» Nr. 70.
1987 Spazio, Luce, Moda, in «Abitare» Nr. 252.
1988 L'institut, ses Architectes et leurs pairs, in «L'Architecture d'Aujourd' hui» Nr. 255.
A propos de l École d'Architecture de Lyon de Jourda et Perraudin, in «AMC» Nr. 19.

Wichtigste Schriften über Norman Foster.

1972 D. Sharp, Histoire visuelle de l'architecture du XXième siècle, Pierre Mardaga Editeur, Bruxelles, S. 272–273.
R. Maxwell, New British Architecture, Thames & Hudson, London, S. 50–53, 188–193.
1973 E. D. Bona, Foster Associates: montaggio senza composizione, in «Casabella» Nr. 375.
1974 J. Winter, Glass on the Marsh, in «The Architectural Review» Nr. 929.

1975 Foster Associates, in «Architecture and Urbanism» (monografisches Heft) Nr. 57.
R. Collovà, Foster Associates, in «Parametro» Nr. 33.
S. Lyall, Foster in Ipswich, in «The Architects' Journal» Bd. 161 Nr. 23.
C. Woodward, Head Office, Ipswich, Suffolk, in «The Architectural Review» Nr. 943.
1976 C. McKean, T. Jestico, Guide to Modern Buildings in London, 1965–1975, Academy Editions, London, S. 53, 72, 84.
A. Best, School for handicapped children, Liverpool, in «The Architectural Review» Nr. 957.
1977 Ch. Jencks, Modern Movements in Architecture, Penguin Books, Harmondsworth, S. 244.
T. Herzog, Pneumatic Structures, Crosby, Lockwood, Stapled, London, S. 124.
1978 P. Kidson, P. Murray, P. Thompson, A History of English Architecture, Penguin Books, Harmondsworth, S. 363–364.
Ch. Jencks, The Language of Post Modern Architecture, Academy Editions, London, S. 74.
B. Goldstein, Designing the means to social ends, in «RIBA Journal» Nr. 1.
P. Peters, Die letzten 20 Jahre in der Architektur, in «Baumeister» Nr. 12.
P. Cook, Sainsbury Centre for Visual Arts, in «The Architectural Review» Nr. 982.
1979 C. F. Corini, P. Zanlari, L'Architettura Inglese degli Anni '70, Ausstellungskatalog, Stadt Parma, Parma, S. 24–27, 60–63.
B. Zevi, Cassone totalizzante con tapparelle, in «Cronache di Architettura» Bd. 22, Laterza, Bari, S. 172–175.
R. Banham, Introduction, in Katalog der Ausstellung Foster Associates, RIBA Publications, London, S. 4–8.
B. Zevi, C' è un museo seduto sull' erba, in «L' Espresso» (April).
A. Best, Foster Finesse, in «The Architects' Journal» Bd. 170 Nr. 39.
A. Best, Foster's Open House, in «The Architects' Journal» Bd. 170 Nr. 28.
P. Peters, Heute: High-Tech» Architektur und folgt darauf, in «Baumeister» Nr. 9.
S. Stephens, Modernism Reconstituted, in «Progressive Architecture» Nr. 2.
Sainsbury Centre, in «Architectural Design» (monografisches Heft) Bd. 49 Nr. 2.
L. Berni, Sainsbury Centre, in «Panorama» (30. Juli).
S. Mulchay, Services on show, in «The Architectural Review» Nr. 983.
R. Padovan, Urban Context: Hammersmith Centre, in «International Architect» Nr. 1.
1980 M. Raeburn (Hrsg.), Architecture of the Western World, Crescent Book, New York, S. 265, 281.
J. Winter, Norman Foster, in M. Emanuel (Hrsg.), Contemporary Architects, The Macmillan Press, London, S. 255–256.
V. Gandolfi, L' acciaio nell'architettura, CISIA, Mailand, S. 68, 79.
Ch. Jencks, Late Modern Architecture, Academy Editions, London, S. 6–15, 54–58, 60–68.
K. Frampton, Modern Architecture, A critical history, Thames & Hudson, London, S. 284, 294–296.
S. Lyall, The State of British Architecture, The Architectural Press, London, S. 113–125.

A. Drexler, Transformations in Modern Architecture, Ausstellungskatalog, The Museum of Modern Art, New York, S. 78–79.
A. Benedetti, Un confronto tra due generazioni: una galleria ospitata nel vagone, in «L'Industria delle Costruzioni» Nr. 163.
A. Gentili, Sainsbury Centre for Visual Arts, ibid.
C. Woodward, Technical Park, Greenford, Middlesex, in «The Architectural Review» Nr. 1002.
A. Benedetti, Tecnologia come prassi in architettura, in «Costruttori Abruzzesi» Nr. II.
D. Sharp, Une Architecture de la Technologie, in «L'Architecture d'Aujourd' hui» Nr. 212.

1981 L. Esher, A Broken Wave, Allen Lane, London, S. 291.
B. Russell, Building System Industrialization and Architecture, John Wiley & Sons, London, S. 512, 548–562, 619–632.
R. Einzig, Classic Modern Houses in Europe, The Architectural Press, London, S. 40–47, 120–125, 170–175.
R. Banham, Grass Above, Glass Around, in Design by choice, Academy Press, London, S. 80–82.
J. Dury, Factories planning design and modernization, The Architectural Press, London, S. 143, 226–231.
D. Walker, The Architecture and Planning of Milton Keynes, The Architectural Press, London, S. 100–108.
Charalabidis, P. Meurice, Architecture de Bureaux, in «Techniques & Architecture» Nr. 337.
D. Walker, British Architects, in «Architectural Design» Nrn. 3–4.
K. Frampton, V. Magnano Lampugnani, Du Neo-Productivisme au Postmoderne, in «L'Architecture d'Aujourd' hui» Nr. 213.
Foster-Rogers: High-Tech: Classical/Gothic, in «The Architectural Review» Nr. 1011.
A. Brookes, M. Ward, Sainsbury Centre, in «The Architects' Journal» Bd. 174 Nr. 28.

1982 British Architecture, Academy Editions, London, S. 7–13.
Ch. Jencks, D. Chaitkin, Current Architecture, Academy Editions, London, S. 69-100.
P. Goulet, La clé des Champs, in La Modernité ou l'Esprit du Temps, Katalog der Biennale de Paris 1982, L' Equerre, Liège, S. 22–24.
V. Magnano Lampugnani, La realtà dell'immagine, Ed. Comunità, S. 13, 111, 188.
W. J. Curtis, Modern Architecture since 1900, Phaidon Press, Oxford, S. 371–372.
L. Biscogli, Tecnica e Architettura, Università degli Studi dell'Aquila, S. 57–61.
C. Woodward, Classicism, in «The Architects' Journal» Bd. 175 Nr. 3
A. Best, Foster at play, in «The Architects' Journal» Bd. 176 Nr. 48.

1983 E. Jones, C. Woodward, A Guide to the Architecture of London, Weidenfeld & Nicolson, London, S. 59, 183, 363, 375, 376, 377.
R. Saxon, Atrium Buildings, The Architectural Press, London, S. 64–66, 127–128.
M. Foster (Hrsg.), The Principles of Architecture, Phaidon Press, Oxford, S. 122–125, 160–161.

P. Nuttgens, The Story of Architecture, Phaidon Press, Oxford, S. 278–280.
D. Sudjic, BBC Success Story, Interview mit N. Foster in «The Architects' Journal» Bd. 177 Nr. 1.
M. Zardini, By appointment to H. M. the Queen, in «Casabella» Nr. 491.
F. Daslaugiers, Centre Renault à Swindon, in «L'Architecture d'Aujourd' hui» Nr. 228.
B. Waters, Foster's Hong Kong Bank, in «Building» (17. Juni).
A. Pélissier, Fragments d'une Technologie hédoniste, in «Techniques & Architecture» Nr. 350.
J. McKean, Gold Standard, Interview mit N. Foster, in «The Architects' Journal» Bd. 177 Nr. 13.
P. Buchanan, High-Tech, in «The Architectural Review» Nr. 1037.
P. Davey, Renault Centre, ibid.
J. Glancey, The Eagle has landed, ibid.
A. Benedetti, L'architettura di Norman Foster e dei Foster Associates, in «L'Ingegnere» Nr. 3
L. Berni, Nuovo? No moderno, in «Panorama» (22. August).
K. Sagimura, Soaring to Technology of the Future, in «Architecture and Urbanism» Nr. 157.
M. Pawley, Third Millennium Bank, in «The Architect's Journal» Bd. 183 Nr. 16.
B. Zevi, Una Banca in verticale, in «L' Espresso» (13. März).

1984 D. Gosling, D. Maitland, Concepts of Urban Design, Academy Editions, St. Martin Press, London, S. 98.
A. De Vido, Innovative managment techniques, Whitney Library of Design, New York, S. 122–135.
P. Murray, S. Trombley, Modern British Architecture since 1945, RIBA Magazine, London, S. 22, 26, 36, 48, 60, 110, 136.
A. Benedetti, Aspetti della recente architettura britannica e Renault Centre, in «L'Industria delle Costruzioni» Nr. 153/4.
B. Waters, Foster in Hong Kong, in «RIBA Journal» (Juni).
S. Kent, R. Ahronov, High-Tech: Craft and Caro, in «The Architectural Review» Nr. 1049.
Interview, in Norman Foster Architect. Selected Works 1962/84, Ausstellungskatalog, Whitworth Art Gallery, Manchester.
A. P., La réponse de Norman Foster, in «Techniques & Architectures» Nr. 355.
P. Goulet, Nîmes, in «L'Architecture d'Aujourd' hui» Nr. 236.
M. Pawley, Norman Foster, in «Blueprint» Nr. 7.
J. McKean, Profilo di Norman Foster, in «Spazio & Società» Nr. 25.
M. Pawley, Sainsbury Centre, in «The Architects' Journal» Bd. 180 Nrn. 27, 30.
S. Dostoglu, Technical Discourse, in «International Architect» Nr. 5.
E. Scoffham, The Shape of British Housing, George Goodwin-Longman, Harlow, S. 48, 174.
A. McIntyre, The Shell Book of British Buildings, David & Charles, London, S. 148, 150, 303–306.

1985 Biennale de Paris, Architecture 1985, Ausstellungskatalog, Pierre Mardaga, Liège–Bruxelles, S. 108–110.

L. Knobel, The Faber Guide to Twenthiest Century Architecture, Faber & Faber, London, S. 131, 158.
A. Best, Norman Foster: an appreciation, in Foster Associates. Six architectural projects 1975–1985. Ausstellungskatalog, Sainsbury Centre, Norwich.
A. Pélissier, Entretien avec Norman Foster, in «Techniques & Architecture» Nr. 357.
P. A. C., Foster a Nîmes, in «Casabella» Nr. 512.
A. Benedetti, L'Architettura della tecnologia e Sede della Hong Kong & Shanghai Banking Corporation, in «L'Industria delle Costruzioni» Nr. 168.
J. Glancey, Nîmes schemes, in «The Architectural Review» Nr. 1059.
P. Buchanan, Nostalgic Utopia, in «The Architects' Journal» Bd. 182 Nr. 36.
D. Rastofer, The metal-skin technology of Foster Associates, in «Architectural Record» Nr. 8.

1986 D. Sudjic, New Architecture: Foster, Rogers, Stirling, Ausstellungskatalog, Thames & Hudson, London.
Foster Associates, Ausstellungskatalog, Electa-Moniteur, Mailand, Paris.
A. Holgate, The art in structural design, Clarendon Press, Oxford, S. 148–156.
A. Menges, Norman Foster, in V. Magnano Lampugnani (Hrsg.), The Thames and Hudson Encyclopaedia of the 20th Century Architecture, Thames & Hudson London, S. 103–104.
M. Bédarida, Delitto su commissione, in «Casabella» Nr. 526.
M. Pawley, Foster child, in «The Architects' Journal» Bd. 184 Nr. 47.
Foster Associates: Hong Kong Bank, in «Architecture and Urbanism» (monografisches Heft) Nr. 189.
Foster's Hong Kong, special issue, in «Progressive Architecture» Nr. 3.
Foster Tower: Hong Kong Bank, in «Process Architecture» Nr. 70.
F. Irace, Grattacieli a Hong Kong, in «Abitare» Nr. 243.
L. Freedman, Hamnett in SW 3, in «Blueprint» Nr. 32.
V. Magnano Lampugnani, Hong Kong & Shanghai Bank, in «Domus» Nr. 674.
Special issue: Hong Kong & Shanghai Bank, in «The Architectural Review» Nr. 1070.
B. Murray, In the shadow of Bank, in «RIBA Journal» Nr. 1.
Norman Foster, in «L'Architecture d'Aujourd' hui» Nr. 243.
Special issue: Lloyd's and the Bank, in «The Architects' Journal» Bd. 184 Nrn. 43, 44.
L. Fasolini, Non solo High-Tech, in «Construire per abitare» Nr. 46.
C. Colin, Norman Foster, ligne forte, in «Intramuros» Nr. 6.
Y. Futagawa (Hrsg.), The Hong Kong and Shanghai Banking Corporation, in «G A Document» Nr. 16.

1987 Architecture International, Grosvenor Press International, London, S. 96–98, 208–210, 350–355.
D. J. De Witt, E. R. De Witt, Modern Architecture in Europe, Weidenfeld & Nicolson, London, S. 198–200.
M. Vitta, Alberi di acciaio nella natura, in «L'Arca» Nr. 7.
M. Pisani, È finita l'età del vetro e del ferro, in «Rinascita» Nr. 16.
A. Pélissier, Foster à Hong Kong, in «Techniques & Architecture» Nr. 372.

E. M. Farrelly, Foster at BBC, A new glasnost, in «The Architectural Review» Nr. 1083.
E. M. Farrelly, Foster's mexican Waves, in «The Architectural Review» Nr. 1087.
O. Boissiere, Il fantasma della modernità, in «L' Arca» Nr. 3.
P. McGuire, Nomos office system, in «The Architectural Review» Nr. 1080.
A. Pansera, Norman Foster per Tecno, in «L'Arca» Nr. 3.
E. Ranzani, Sistema Nomos, Tecno, Milano, in «Domus» Nr. 679.
M. Vogliazzo, Lo stadio di Francoforte, in «L'Arca» Nr. 11.

Wichtigste Ausstellungen.

1976 *The Work of Foster Associates*, Barcelona, Colegio des Arquitetos.
1977 *British Design Council Touring Exhibition*, Wanderausstellung.
1978 *Original Drawings: Foster Associates*, London, Heinz Gallery.
Project of the Future, Kopenhagen.
1979 *L'Architettura Inglese degli anni '70*, Parma, Palazzetto Eucherio Sanvitale (Katalog hrsgg. von der Stadt Parma 1979).
Summer Exhibition, London, Royal Academy.
Foster Associates, London, Heinz Gallery (Katalog RIBA Publications, London 1979).
The Hammersmith Centre Project, London, Riverside Studios.
Transformations in Modern Architecture, New York, The Museum of Modern Art (Katalog hrsgg. vom Museum of Modern Art, New York 1979).
1980 *Foster Associates*, Hongkong.
Summer Exhibition, London, Royal Academy.
Foster Associates, Singapur.
1981 *Summer Exhibition*, London, Royal Academy.
1982 *British Architects*, London, The Royal Institute of British Architects.
Summer Exhibition, London, Royal Academy.
1983 *Three New Skyscrapers*, New York, The Museum of Modern Art.
Le Centre Renault de Swindon, Paris, Institut Français d' Architecture.
Summer Exhibition, London, Royal Academy.
Britain Salutes New York, New York, New York Drawing Centre.
Foster Associates: Architetture 1967/83, Mailand, Studio Marconi.
Archi-Sicomat, Mailand, Centro Edile.
Architecture et Industrie, Paris, Centre Pompidou (Katalog hrsgg. vom Centre de Création Industrielle, Centre Georges Pompidou, Paris 1983).
Foster Associates, Sudbury, Gainsborough House.
Model Futures, London, Institute of Contemporary Art.
1984 *Images et Imaginaires d'Architecture*, Paris, Centre Pompidou (Katalog hrsgg. vom Centre Georges Pompidou, Paris 1984).
Summer Exhibition, London, Royal Academy.
Norman Foster Architect. Selected Works 1962/84, Manchester, Whitworth Art Gallery (Katalog hrsgg. von der Whitworth Art Gallery, University of Manchester 1984).

RIBA Architectural Awards, Mostra di Premi di Architettura del RIBA 1981, Rom, Istituto Nazionale d'Architettura.
1985 *Foster Associates. Six Architectural Projects 1975/1985*, Norwich, Sainsbury Centre for Visual Arts (Katalog hrsgg. vom Sainsbury Centre for Visual Arts, University of East Anglia, Norwich 1985).
Biennale de Paris: Architecture 1985, Paris, Grande Halle de la Villette (Katalog Pierre Mardaga, Liège 1985).
1986 *Norman Foster*, Paris, Institut Français d'Architecture (Katalog Electa-Moniteur, Mailand, Paris 1986).
Norman Foster: The Art Centre and Mediatèque of Nîmes, London, Institut Français d'Architecture.
Vision der Moderne. Das Prinzip Konstruktion. Frankfurt am Main, Deutsches Architekturmuseum (Katalog Prestel-Verlag, München 1986).
New Architecture: Foster, Rogers, Stirling, London, Royal Academy (Katalog Thames & Hudson, London 1986).
1987 *Nomos*, London, showroom Tecno.
1988 *Foster pour Tecno*, Paris, Centre Pompidou.
Paternoster Square: Urban Design Competition, London, 9H Gallery.
Norman Foster: Tre Temi, Sei Progetti, Florenz, Palazzo Vecchio (Katalog Electa, Florenz 1988).

Verzeichnis der Fotografen.

Aldo Benedetti, L'Aquila.
Richard Bryant, Kingston-upon-Thames.
Gus Coral, London.
Richard Davies, London.
John Donat, London.
Richard Einzig, London.
Norman Foster, London.
Birkin Haward, London.
Pat Hunt, Cirecenster.
Ken Kirkwood, Norwich.
John Nye, Hongkong.
Tim Street Porter, Hollywood.
Sandy Porter, Hollywood.